JN095077

500件のコンサルティング現場から見えてきた

持続可能な地域医療を支える

クリニックの
開業・運営・継承

日本医業総研グループ［編著］

NIS Group
LETS 株式会社**日本医業総研**

序文　成功コンサルティング 20 年の循環

　日本医業総研の創設は 1997 年。大阪を起点とする当初の商号は西日本総研でした。

　同年の保険医療分野では、第三次医療法改正が行われ、地域医療支援病院制度の構築、48 時間以内の入院期間を原則としていた有床診療所に対する療養型病床群の導入などといった医療計画制度の充実のほか、介護保険法の成立によって増大する要介護者に対する介護体制の基盤整備が進められるなど、大きな政策転換が図られる年となりました。さらに健康保険法も改正され、被保険者の加入者本人の一部負担金が 1 割から 2 割に増額されたのも同年のことでした。

　筆者は新卒で入職し、9 年間勤務してきた医療機関をメインクライアントにもつ大手会計事務所を退職すると、そのまま日本医業総研の創設に加わりました。筆者自身、クリニックの成長・運営を税務・会計面から支援する会計事務所の業務から得た具眼を

武器に、ゼロベースから医業を立ち上げ、その成功をもって豊かな地域社会を創造しようとする仕事に大きな可能性が感じられました。その初志を表したのが、

「我々は全従業員とその家族の幸福を追求するとともに、良質な地域医療を志す医師を確実に成功へと導き、広く社会に貢献する」

という弊社の経営理念です。この理念の下にコンサルの猛者たちが集結しました。

当時からクリニック開業のサポートは、一部の医療関連企業の付帯サービスで行われてきました。その構造は現在もあまり変わらないのですが、独立系コンサルティング会社として旧来の商習慣を排し、「有料」のサービス提供のみで経営しようとする企業は稀有な存在だったように思います。開業を目指す先生方が弊社の有料サービスを理解し、対価以上の付加価値を見いだしていただけるのかという不安がなかったわけではありませんが、逆に有料であるがゆえの「必ず成功に導く」という責任と意志の表出であると自らを奮い立たせ24年目の現在まで変わることなく続けています。

2004年には東京本社を設立し、その後、税理士法人日本医業総研、社会保険労務士法人日本医業総研が創設されました。これにより、クリニックの「開業」「税務・会計」「人事・労務」をワ

ンストップで支援するグループが形成されることになりました。

　クリニックに求められるのは、単なる医業の成功ではなく、地域の健康を守る社会基盤としての持続性・永続性です。また、医業経営者として守るべきは患者さんだけでなくスタッフの安定的な雇用も同様です。

　筆者にとって、医業に特化した税理士法人、社会保険労務士法人というコンプライアンスを基軸とする専門性の高いサービスを提供する部門の創設は、開業を支援したクリニックの持続性・永続性を側面支援するための不可欠な機能と考えていました。

　そして、グループとして得られた医療現場のリアルな情報を定量化し、ベンチマーク化することでコンサルティングの質は確実に深化・向上しています。

　昨年末、弊社が開業を支援したクリニック総数が 500 件を突破しました。約 22 年を要してのこの 500 件がどういう評価に値するかは他者に委ねますが、創業メンバーの 1 人である筆者にとってはそれなりに感慨深く、気持ちのうえで大きな節目になったことは間違いありません。

　一方で、近年、弊社の創業期に開業を支援したクリニックの院長から、事業継承の相談を多く承るようになりました。20 年余守り続けた地域医療を次代に委ねようとする先生方の思いはさまざまです。しかしそこに共通するのは、地域の健康を支えてきた

医師としての誇りと、患者さんをしっかりと引き継いでいただける先生に託したいという願望です。

　20年以上を経て、またお声かけをいただけたことに一コンサルタントとしての感恩がありますが、同時に筆者は、弊社の仕事も開業から医業継承までの約20年で一定の完結を見るのではないかという思いにいたりました。ベストなマッチングで医業継承を成功させ、そして次の20年後に向けて医業経営を支援すること。それは長期的な視野に立った地域医療の循環であり、そこへの深いコミットにこそ弊社のレゾンデートルがあると感じています。

　本書は、筆者が上記の「20年の循環」から得た気づきを記したもので、クリニック開業のノウハウを直接的にお伝えする実用書ではありません。紹介する事例も筆者が直接担当させていただいた案件に限定いたしました。

　また、本書終章には、2020年の新型コロナウイルス感染症におけるクリニックの現状と今後のあり方について弊社内で議論した座談会の記録を収載いたしました。時事的なテーマとはいえ、医療機関に与えた影響は計り知れず、今後のクリニック開業にも大きな示唆をもたらしたのは事実であると筆者は考えます。

　読者諸氏には本書から弊社のコンサルティングへの姿勢と開業成功のヒントを少しでも感じ取っていただけたら幸甚に存じ上げ

ます。

　500 件の開業支援実績は当然のことながら弊社が前進する通過点にすぎませんし、クリニックによる地域医療の提供が続くかぎり弊社の目標値に到達点などありません。

　日本医業総研は、次なる区切りとなる開業支援 1,000 件に向け着実に歩を進めています。

2020 年 9 月

株式会社 日本医業総研　代表取締役
責任著者

猪川 昌史

第 1 章

医師の思いを実現し、
豊かな地域社会を創造する
コンサルタントの基軸

（1）どうして開業するのか？
　　開業によって先生の思いは実現するのか？

「先生、どうして開業なさるのですか？」

これは筆者が先生方からクリニック開業の相談を受ける際に、最初に必ずお聞きする質問です。

もちろん、若いころから開業医を意識されてきた先生はいらっしゃいます。開業医の家庭に育ち、地域医療に取り組む親の姿にご自身の未来像を重ね合わせる方も少なくないでしょう。

開業時の先生の平均年齢は 41 〜 42 歳とされていますが、病院勤務では「医長」などの中堅ポストに就かれている方が一般的だと思われます。そうなると、病棟・外来を担当するだけでなく、現場のリーダーとして若手医師の指導にあたり、ときに後輩のミスをリカバリーし、運営会議や責任者会議などがルーティンに組み込まれることになります。そうした大きな組織の諸事から逃れ、自身の得意とする診療だけに集中したいと考えることも十分に開業の動機になります。病院では機能上チャレンジできなかったこともあるでしょうし、外来が好きな先生であれば、なおさらご自身の「城」で実現したい医療があると思われます。

経済的な面に目を向けると、病院勤務医の平均年収が約 1,470 万円とされているのに対して、開業医の平均では医療法人の場合で約 2,530 万円、個人では約 2,458 万円とするデータがあります。

もちろん億単位の収入を得ている開業医も少なからずいます。

　開業を意識される 40 歳あたりの勤務医の収入も、概ね平均金額といったところです。働き方改革におけるタスク・シフティングがなかなか機能しない病院での長時間勤務に加え、当直勤務や労働として評価され難いオンコールといった負担に対して、収入が見合わないと不満に感じても不思議ではありませんし、お子様の将来の医学部受験などに備えて、早めに家庭の経済基盤を固めておきたいと考えるのも健全なライフプランといえます。

　筆者は過去にある先生から、開業される方には、「純粋に自分の目指す医療を実現したい先生」と、「それでもお金には興味がある先生」の大きく 2 つのタイプがあると聞きました。当時もなるほどと思ったものですが、人生の転機や岐路という節目にご家族を含めたライフプランを考え合わせたら、大切なお金に興味をもたれることは決して悪いことではありません。

　先生方の開業の動機に不正解はありませんし、コンサルタントがアドバイスすることでもありません。ただ大切なのは、先生が医師として実現したいと考える方向にもっていくための方法論として「開業」という選択がベストであるかどうかをご自身で冷静に確認することです。それが適正な判断ということであれば、先生の希望、医療スキル、経験値等を基に、もっとも望ましい開業の形と成功の可能性を先生と一緒に考えていくことになります。

　逆に、動機の根拠があやふやで、希望的観測だけで開業の理想

像ばかりを語る先生のご支援は、やんわりとお断りするようにしています。開業に不向きな先生に失敗をさせてはならないことも、コンサルタントの責任だと思っています。

　医師の平均的な転職回数は 4 〜 5 回といわれていますが、逆説的にいえば、それだけ職場や働き方を比較的自由に選べる機会に恵まれた職業といえそうです。

　しかし、病院勤務医を辞めて開業医に転じ、地域医療を最前線で支え続けるというキャリアチェンジは、生半可な覚悟で成し遂げられるものではありません。開業される先生のほとんどは、開業資金として数千万円の借入金を背負い、収入ゼロから事業を立ち上げることになります。そのリスクは、医業の成功でしかヘッジすることができません。

　「理想の医療」と「金銭リスク」という背反するチャレンジの起点にある意識が、冒頭の「どうして開業するのか？」なのだと筆者は考えています。

（2）開業後 1 年以内の経営黒字化の約束

　1997 年の創業以来、日本医業総研では「開業コンサルティング」の業務を「成功コンサルティング」の名に換え、開業支援サービスをご提供してきました。この言葉の意味するところは、先生方と同様に、「開業」が目的なのではなく、その先の持続性・永続

性をもった「成功」に視座しているからです。

　この開業成功のためにクリアしなければならない最初のハードルは経営の黒字化です。開業後は、地域の認知度や評判に連動して、一定期間売上が右肩に上昇カーブを描くことが一般的です。この売上金額が経費（一般管理費、売上原価等）とブレークイーブンする地点が経営評価の１つとなる「損益分岐点」です（図１）。売上が損益分岐点を上回れば黒字、到達しなければ赤字経営となるわけですが、図を見てもわかる通り、立ち上がり期に低い売上で、かつ短期間で損益分岐に到達するのが理想形で（図１左下）、それだけ手持ちの運転資金にも余裕が生まれることになります。

　ではどのようにして、低い売上で早期に黒字化するかですが、これは開業後の経営努力というよりも、どれだけ戦略的な開業準備を行ってきたかでほぼ決まってしまうといっていいでしょう。

　弊社の基本的な考えは、先生のご経歴、専門領域、専門医資格、強み（弱み）などの属性に先生の希望を加味した開業立地を選定し、精微な診療圏分析に裏づけられた見込患者数を算出。設備・機器などが過剰投資とならないよう慎重な投資計画を立てて、余裕をもった資金調達を行っています。

　理想的な設備については、開業後の診療のなかから見えてくる医療ニーズによっても変化することがありますし、経営が黒字安定化し十分な内部留保を確保してから判断しても遅くはないというのが弊社の考えです。

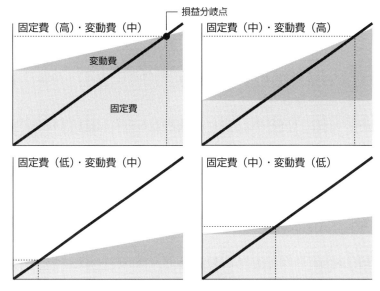

図1 損益分岐点

　立ち上がりに苦戦し、なかなか黒字化しないクリニックに共通するのはこれらの逆、つまり先生の属性と立地のミスマッチや診療圏分析ソフトと感覚に頼った患者数の期待値、必要以上に凝った内装やフルスペックの医療機器といった過剰投資によるものだということがいえます。

　経営が軌道に乗らないクリニックの増患を促進しようとしても、できることといえば、現状の来院患者さんの居住エリアをプロットし、弱いエリアへの宣伝活動を強化することや、インターネットの検索エンジンでの自院ホームページの表示ランクを上げるなどといった月並みな対策に限定され、即効性もあまり期待できません。

それらを前提とした弊社の開業支援は、クリニック経営が黒字化するまでをゴールとしたうえで、かつ開業後1年以内の黒字化をお約束しています。

　実際には、1年以内どころか開業初月、あるいは翌月には黒字化するケースが少なくないのですが、それは事業計画において獲得可能な最少値の患者数と、そこで発生する経費を最大化して想定しているからです。

　一般論からいえば、弊社の作成する事業計画書は厳しすぎるといっていいでしょうが、これは筆者が全コンサルタントに示した弊社の共通基準です。万全な事前準備をしてもなお二重・三重のリスクヘッジをしておかなければならないのが新規開業です。競合の多い環境下においても、医療機関という社会的な責任を負う公器が赤字経営というのは、絶対にあってはならないという認識がその根底にあります。

　筆者が長年学びの師としている京セラの創業者、稲盛和夫氏はその経営哲学の1つとして、「楽観的に構想し、悲観的に計画し、楽観的に実行する」と説かれましたが、弊社の考えもそれに倣ったものといえなくもありません。

（3）開業の成否を左右する立地選定

　クリニック開業において絶対に妥協してはならないのが立地選

定です。

　開業される先生方からは、診療科や固有の強みを発揮できる専門領域などを前提とした理想的なロケーションや、有力な連携先となる現勤務先との距離関係、自宅からの通勤時間などの諸条件が示されますし、弊社としても先生の希望を最優先に対応していますが、数十年前ならともかく、現在そうした理想とするエリアに希望する条件での空白区はまずありません。一般的な内科であれば、同一診療圏に2桁の競合クリニックがあることも覚悟しなければならない現実は、勤務医の方でもよくご存じだろうと思います。

　実際にコンサルタントがもっとも時間を費やすのがこの立地選定で、折よく早期に見つかることもあれば、年単位で苦慮することもあります。

　テナント開業で苦戦する理由には、物件の有無だけでなく賃料との兼ね合いもあります。保険診療をベースとしたときに、どんなに魅力的な立地・物件であっても、一般的な商業テナントを想定した賃料単価では、クリニック経営はバランスを大きく欠くことになります。30坪のクリニックで、月額坪単価家賃が1万円違う場合、差額の30万円を他の経費の合理化で賄うことは事実上不可能です。「値決めは経営である」という教訓がありますが、保険医療機関における診療報酬単価は厚労省の告示事項であり、それが我が国の皆保険制度維持の根幹となっていますから、クリ

ニック経営において規定の診療報酬単価×患者数の売上を超えることは原則的になく、高い賃料を補うために報酬単価を上げ売上を増大させるという図式は成り立ちません。

その制約の下で、弊社コンサルタントは事業計画とマーケット情報の両にらみの活動が続くことになるわけですが、確かな回答は伝聞の情報に頼るより、結局は現場に足を運んだ回数にあるように感じられます。弊社に共通する現場第一主義は、案外こんな地道な活動を指しています。

さて、立地選定における大前提は常住人口（夜間人口）の多いエリアということになります。当然のことながら競合は避けられませんが、それでも人口と医療需要は比例しますから、提供する医療の専門性が高いとしても、あえて人の少ないエリアを選ぶ理由はありません。さらに、しっかりとした総人口数の下で、診療対象者となる年齢人口比率が高いことが望まれます。

次に重視することは、開業物件が地域の生活動線上に位置していることです。どのような地域であっても、生活動線は間違いなく存在します。必ずしも駅近くというわけではなく、生活必需品を取り扱っている商業施設の付近が有力候補となります。ただし、その商業施設が盛業していることが条件です。食品スーパーなどの商業施設の基本的な事業計画は、10年から15年後までの将来像しか設定されていないことが一般的だといいます。永続性が求められる医療機関と商業施設は長期的な時間軸が異なるわけで

す。

　商業施設は業績が予定外に悪ければ、10 年を待たず即座に撤退することも十分あり得るし、また地域の長期的な開発計画で生活動線が変わる可能性もありますから、コンサルタントは現状のエリアマーケティングとともに、10 年、20 年後の地域像を予測して立地選定を行うことになります。そこで、最寄り駅からバス利用という一見不利と思える立地であっても、未来進行形で開発が進められている住宅地などでの開業も選択肢に入れることになりますし、実際に弊社クライアントにおいてもかなりの数のクリニックが郊外立地で成功を収められています。

　もちろん、診療科によっては集患が見込まれるエリア人口数ではなく、現勤務先の近隣に優位性を求める考え方もあります。円滑な病診連携のほか、先生個人と通院患者さんとの信頼関係が構築されていて、勤務先との良好な関係を維持しながら患者さんを引き継げる開業では、相当な優位性を発揮しますし、開業後の立ち上がりの不安も軽減されます。

　実際に弊社の支援事例では、糖尿病内科のクリニックを開設するために、1 年後の開業を承認していただいたうえで地域の基幹病院に勤務された先生もおられます。急性期医療を重視したい病院としても、慢性疾患の通院患者さんを地元の専門医が受け入れてくれるのは歓迎すべきことなのです。

　筆者はもちろんそうした開業を否定するつもりはありません

が、もう1つの異なる視点をもって先生にアドバイスすることがあります。それは、現在病院の外来で診ている患者さんを引き継ぐのはいいことだが、10年先、20年先まで通院が続くのかということです。

　とくに患者さんが高齢者の場合、10年後までは何とか見込めても、それ以後は計算が立ち難いという側面があります。その場合は、先生の病院患者さんに対する影響力に頼らずに、周囲から新規患者さんを獲得し続けなければ経営は先細ってしまうことになります。周囲に住宅地や集客性に富んだ商業施設がないなど新患の獲得が難しいロケーションの場合、病院の近隣であることの長期的なメリットは少なく、立ち上がりに多少苦戦しても地縁や地元人脈の活かしやすい自宅エリアを拠点にして取り組むほうに将来性が見込まれるということも考えられるわけです。

（4）実数値に裏づけられたエビデンスが事業計画の 精度を担保する

　先生の診療コンセプトを事業として仮説検証するプロセスが事業計画です。

　クリニックの事業計画で検証すべきは、診療の実現可能性、採算性、成長性、継続性などになりますが、保険診療においては、ビジネスとしての独創性や突出した収益モデルは考えにくいこと

から、基本はシンプルな構造になっています（図２）。

　この事業計画は、銀行から融資を受ける際などでも必ず必要となるものですが、間違ってはならないのは、多額の融資を引き出すことを目的としたツールではなく、数字の帳尻を合わせるような操作があってはならないということです。また、恣意的な数値の加工がないにしても、事業計画に示された数値のリアリティを検証できる術がなければ、もっとも大切な評価の客観性が失われることになります。

　弊社の作成する事業計画書には２つの特徴があります。そして、この２つの特徴が業界屈指と評価される開業コンサルティング会社としての最大の強みとなっています。

　１つは絶対的に診療圏分析データをベースとすることです。そこから得られる潜在患者数を無視することなく事業計画に落とし込んでいくわけですが、感覚値や流入人口への期待値などは一切排除しています。現実的に見える数字だけで経営が成り立つかどうかを正しく検証することが重要だと考えるからです。

　そして２つ目の特徴は、弊社の事業計画に示す数値の裏づけとして、長年かけて蓄積されてきた実数値に基づくエビデンスがあるということです。

　弊社はグループに医療機関に特化した会計部門（税理士法人日本医業総研）を有しており、弊社が開業を支援したクリニックの開業後の税務・会計顧問として経営をサポートしています。

図2 事業計画例（消化器内科）

経 費 計 画

> 収支シミュレーション

■ 一般内科

（外来保険収入）			（自費収入）		
1日あたり外来人数	31	人	1日あたり自費患者数	0	件
1人あたり外来単価	6,000	円	1人あたり外来単価	0	円
1ヶ月当たり稼動日数	21.0	日			
1ヶ月あたり外来保険収入	**3,906,000**	**円**	**1ヶ月あたり外来自費収入**	**0**	**円**

（ 原 価 ）					
薬品費率	5	％	外注検査費	3	％

■ 内視鏡内科

（上部内視鏡収入）			（下部内視鏡収入）		
1日あたり検査人数	3	人	1日あたり検査人数	1	人
1人あたり検査単価	13,400	円	1人あたり検査単価	15,500	円
1月あたり稼動日数	21.0	日	1日あたりポリペク人数	0.2	人
			ポリペク手術（差額分）	34,500	円
1ヶ月あたり			1月あたり稼動日数	21.0	日
上部内視鏡収入	**844,200**	**円**	**1ヶ月あたり下部内視鏡収入**	**470,400**	**円**

（ 原 価 ）					
薬品費率	5	％	外注検査費	10	％

■ 経費計画

（ 医 師 給 与 ）	勤務医			0	円/月	0	円/年
	勤務医			0	円/月	0	円/年
	勤務医			0	円/月	0	円/年
				医師給与合計		**0**	**円**

（ 給 与 ）	放射線技師	300,000	円	0	人	0	円
	看護師	350,000	円	1	人	350,000	円
	看護師（パート）	100,000	円	3.5	人	350,000	円
	PT（常勤）	350,000	円	0	人	0	円
	PT（パート）	150,000	円	0	人	0	円
	リハ助手（パート）	80,000	円	0	人	0	円
	受付事務	180,000	円	0	人	0	円
	受付事務（パート）	80,000	円	4.5	人	360,000	円
				給与合計		**1,060,000**	**円**

| （　賞　　　与　） | 年間支給予定 | 3.0 ヶ月 | **賞与月割額** | **87,500** | **円** |

（昇給率・物価上昇率）　3　％

（販　管　費）	福利厚生費	30,000	円	通信費	50,000	円
	事務消耗品費	10,000	円	備品消耗品費	10,000	円
	水道光熱費	80,000	円	修繕費	0	円
	広告宣伝費	150,000	円	保険料	3,000	円
	諸会費	40,000	円	租税公課	66,371	円
	図書研究費	20,000	円	管理諸費	60,000	円
	医療機器リース	289,267	円	雑費	80,000	円
				合　計	888,639	円

（地 代 家 賃）	**1,036,800** 円（税込）		（交　際　費）	**50,000**	**円**
	坪　　数	60.00 坪			
	家賃単価	16,000 円／坪（税抜）			
	共　益　費	円（税抜）			

（支 払 利 息）	借入金額(A)	50,000,000 円	利率(A)	1.0 ％	**月額支払利息**
	借入金額(B)	40,000,000 円	利率(B)	1.0 ％	**66,218　円**
	借入金額(C)	0 円	利率(C)	％	
	返済回数(A) 240 回	月額返済元金(A) 203,166 円			（返済方法：元利均等）
	返済回数(B) 120 回	月額返済元金(B) 361,132 円			（返済方法：元利均等）
	返済回数(C) 0 回	月額返済元金(C) 0 円			（返済方法：元利均等）

（減価償却費）	種類・構造	取得価格	耐用年数(年)	償却率	償却額
	建物（鉄筋）		39	0.026	0
	建物（木造）		17	0.058	0
	建物（内装）*	34,765,200	15	0.066	2,065,053
	車　　両		6	0.166	0
	医療機器購入	12,085,200	6	0.166	1,805,529
	医療機械リース	16,740,000	6	0.166	（リースの為）0
	器具備品	4,800,000	8	0.125	540,000
					0
	繰延資産	8,873,600	5	0.200	1,774,720

内装設備工事坪単価	536,500 円	**月額償却費合計**	**515,441**	**円**
内装管理、設計料	円			

（事 業 主 貸）	生活費	850,000 円	自宅固定資産税	円
	年金・生命保険	円	積立預金	円
	自宅分返済	円	合　計	850,000 円

一般内科、内視鏡内科

月次予想		一般内科・胃腸科	内視鏡内科
収入	保険収入	3,906,000	
	自費収入	0	
	上部内視鏡		844,200
	下部内視鏡		470,400
	合 計	3,906,000 円	1,314,600 円
原価	薬品仕入高	195,300	65,730
	外注検査費	117,180	131,460
	合 計	312,480 円	197,190 円
	診療科目別粗利益	3,593,520 円	1,117,410 円
	総利益		4,710,930 円
販売費／管理費	医師給与		0
	給与		1,060,000
	賞与		87,500
	地代家賃		1,036,800
	接待交際費		50,000
	減価償却費		515,441
	その他管理費		888,639
	支払利息		66,218
	合 計		3,704,598 円
	当期利益		1,006,332 円
資金繰り	元金		564,299
	減価償却費		515,441
	事業主貸		850,000
	所得税		
	資金残高		107,474

開業時貸借対照表

(資産の部)		(負債・資本の部)	
現金預金　（運転資金）	23,216,000	借入金（A）	50,000,000
薬品・診療材料費	500,000	借入金（B）	40,000,000
		借入金（C）	0
建物内装設備等	34,765,200	（医療機器リース）	16,740,000
医　療　機　械　（購入）	12,085,200	（内装設備割賦）	
医　療　機　械　（リース）	16,740,000		
器　具　備　品	4,800,000		
車　　　　両	0		
		自己資金	0
敷金（6ケ月）	5,760,000		
賃借権利金			
医師会入会金	1,500,000		
開　業　費	7,373,600		
借方合計	106,740,000	貸方合計	106,740,000
医療機器リース分	16,740,000	医療機器リース分	16,740,000
内装設備割賦分	0	内装設備割賦分	0
差し引き合計	90,000,000	差し引き合計	90,000,000

医療機器に関しては、リースとします
　　　15,500,000 円（税抜）

1. 器具備品	4,800,000 円		3.借入金	90,000,000 円
什器備品	2,500,000 円		借入先（A）	50,000,000 円
電話設備	300,000 円		借入先（B）	40,000,000 円
看板工事	1,000,000 円		借入先（C）	円
医療用備品等	1,000,000 円			
2. 開業費	7,373,600 円			
広告宣伝	1,500,000 円			
印刷物	800,000 円			
備品消耗品等	500,000 円			
空家賃(2か月)	2,073,600 円			
その他	2,500,000 円			

事業計画（各種前提条件）

	単位	1月目	2月目	3月目	4月目	5月目	6月目	7月目	8月目	9月目	10月目	11月目	12月目	合計
一般内科・胃腸科 1日当たり来院人数	（人）	10	12	14	16	18	20	23	25	27	29	31	33	5,418
1回当たり治療単価	（円）	6,000	6,000	6,000	6,000	6,000	6,000	6,000	6,000	6,000	6,000	6,000	6,000	
1ヶ月当たり稼働日数	（日）	21	21	21	21	21	21	21	21	21	21	21	21	252
自費 保有患者数	（人）	0	0	0	0	0	0	0	0	0	0	0	0	0
1人当たり治療単価	（円）	0	0	0	0	0	0	0	0	0	0	0	0	0
上部内視鏡 1日当たり検査人数	（人）	1	1	1	2	2	2	2	2	2	3	3	3	504
1回当たり治療単価	（円）	13,400	13,400	13,400	13,400	13,400	13,400	13,400	13,400	13,400	13,400	13,400	13,400	
1ヶ月当たり稼働日数	（日）	21	21	21	21	21	21	21	21	21	21	21	21	252
下部内視鏡 1日当たり検査人数	（人）	0.5	0.6	0.7	0.8	0.9	1.0	1.0	1.1	1.2	1.3	1.4	1.5	252
1回当たり治療単価	（円）	13,400	13,400	13,400	13,400	13,400	13,400	13,400	13,400	13,400	13,400	13,400	13,400	
1日当たり手術人数	（人）	0.1	0.1	0.1	0.2	0.2	0.2	0.2	0.2	0.2	0.3	0.3	0.3	50.4
1回当たり手術単価	（円）	34,500	34,500	34,500	34,500	34,500	34,500	34,500	34,500	34,500	34,500	34,500	34,500	
1ヶ月当たり稼働日数	（日）	21	21	21	21	21	21	21	21	21	21	21	21	252
検査との差額単価	（円）													

（単位：円）

初年度予算	1月目	2月目	3月目	4月目	5月目	6月目	7月目	8月目	9月目	10月目	11月目	12月目	合計
（医業収入） 一般内科胃腸科収入	1,260,000	1,523,455	1,786,909	2,050,364	2,313,818	2,577,273	2,840,727	3,104,182	3,367,636	3,631,091	3,894,545	4,158,000	32,508,000
内視鏡収入	494,550	584,468	674,386	764,305	854,223	944,141	1,034,059	1,123,977	1,213,895	1,303,814	1,393,732	1,483,650	11,869,200
収入合計	1,754,550	2,107,923	2,461,295	2,814,668	3,168,041	3,521,414	3,874,786	4,228,159	4,581,532	4,934,905	5,288,277	5,641,650	44,377,200
（原価） 薬品仕入高	87,728	105,396	123,065	140,733	158,402	176,071	193,739	211,408	229,077	246,745	264,414	282,083	2,218,860
外注検査費	52,637	63,238	73,839	84,440	95,041	105,642	116,244	126,845	137,446	148,047	158,648	169,250	1,331,316
原価合計	140,364	168,634	196,904	225,173	253,443	281,713	309,983	338,253	366,523	394,792	423,062	451,332	3,550,176
（販管費） 給与	1,060,000	1,060,000	1,060,000	1,060,000	1,060,000	1,060,000	1,060,000	1,060,000	1,060,000	1,060,000	1,060,000	1,060,000	12,720,000
賞与							525,000					525,000	1,050,000
地代家賃	1,036,800	1,036,800	1,036,800	1,036,800	1,036,800	1,036,800	1,036,800	1,036,800	1,036,800	1,036,800	1,036,800	1,036,800	12,441,600
接待交際費	50,000	50,000	50,000	50,000	50,000	50,000	50,000	50,000	50,000	50,000	50,000	50,000	600,000
減価償却費	515,441	515,441	515,441	515,441	515,441	515,441	515,441	515,441	515,441	515,441	515,441	515,441	6,185,292
その他管理費	599,371	599,371	888,639	888,639	888,639	888,639	888,639	888,639	888,639	888,639	888,639	888,639	10,085,129
支払利息	74,999	74,999	74,999	74,999	74,999	74,999	74,999	74,999	74,999	74,999	74,999	74,999	899,988
販管費合計	3,336,611	3,336,611	3,625,879	3,625,879	3,625,879	3,625,879	4,150,879	3,625,879	3,625,879	3,625,879	3,625,879	4,150,879	43,982,009
営業利益	-1,722,425	-1,397,322	-1,361,487	-1,036,384	-711,281	-386,178	-586,075	264,028	589,131	914,234	1,239,336	1,039,439	-3,154,985
（資金繰り） 運転資金	23,216,000	0	0	0	0	0	0	0	0	0	0	0	23,216,000
元金返済 （−）	0	0	0	0	0	0	0	0	0	0	0	0	0
減価償却費 （+）	515,441	515,441	515,441	515,441	515,441	515,441	515,441	515,441	515,441	515,441	515,441	515,441	6,185,292
事業益金 （+）	850,000	850,000	850,000	850,000	850,000	850,000	850,000	850,000	850,000	850,000	850,000	850,000	10,200,000
保険収入 （−）	526,365	632,377	1,863,755	2,192,392	2,521,028	2,849,665	3,178,302	3,506,938	3,835,575	4,164,212	4,492,848	4,821,485	34,584,942
保険収入 （+）	1,754,550	2,107,923	2,461,295	2,814,668	3,168,041	3,521,414	3,874,786	4,228,159	4,581,532	4,934,905	5,288,277	5,641,650	44,377,200
資金残高	19,930,831	-3,207,427	-2,293,586	-1,993,219	-1,692,852	-1,392,486	-1,617,119	-791,752	-491,385	-191,018	109,348	-115,285	6,254,049
資金残高累計	19,930,831	16,723,403	14,429,817	12,436,598	10,743,745	9,351,260	7,734,141	6,942,389	6,451,004	6,259,985	6,369,334	6,254,049	—

年次推移表

一般内科	1日当たり来院人数	別紙	35	37	39	40
	1回当たり治療単価		6,000	6,000	6,000	6,000
	1ヶ月当たり稼動日数		21	21	21	21
上部内視鏡	年間検査人数	別紙	750	800	850	900
	1回当たり治療単価		13,400	13,400	13,400	13,400
下部内視鏡	年間検査人数	別紙	375	400	425	450
	1回当たり治療単価		15,500	15,500	15,500	15,500
	年間手術人数		75	80	85	90
	検査との差額単価		34,500	34,500	34,500	34,500

(単位:円)

		1年目	2年目	3年目	4年目	5年目
（医業収入）						
	一般内科収入	32,508,000	52,920,000	55,944,000	58,968,000	60,480,000
	内視鏡内科収入	11,869,200	18,450,000	19,680,000	20,910,000	22,140,000
	収入合計	44,377,200	71,370,000	75,624,000	79,878,000	82,620,000
（原　価）						
	薬品仕入高	2,218,860	3,568,500	3,781,200	3,993,900	4,131,000
	外注検査費	1,331,316	3,432,600	3,646,320	3,860,040	4,028,400
	原価合計	3,550,176	7,001,100	7,427,520	7,853,940	8,159,400
（販管費）						
	給与	12,720,000	13,101,600	13,494,648	13,899,487	14,316,472
	賞与	1,050,000	1,081,500	1,113,945	1,147,363	1,181,784
	地代家賃	12,441,600	12,441,600	12,441,600	12,441,600	12,441,600
	接待交際費	600,000	600,000	600,000	600,000	600,000
	減価償却費	6,185,292	6,185,292	6,185,292	6,185,292	6,185,292
	その他管理費	10,085,129	10,387,000	10,698,000	11,018,000	11,348,000
	支払利息	899,988	869,470	802,460	734,776	666,410
	販管費合計	43,982,009	44,666,462	45,335,945	46,026,519	46,739,558
	医業利益	-3,154,985	19,702,438	22,860,535	25,997,541	27,721,042
（資金繰り）	運転資金	23,216,000				
	元金返済　　（−）	0	6,670,394	6,737,404	6,805,088	6,873,454
	減価償却費　（＋）	6,185,292	6,185,292	6,185,292	6,185,292	6,185,292
	事業主貸　　（−）	10,200,000	10,200,000	10,200,000	10,200,000	10,200,000
	所得税等　　（−）	0	4,930,210	7,880,000	9,448,500	10,310,500
	保険収入　　（＋）	34,584,942				
	保険収入　　（−）	44,377,200				

		1年目	2年目	3年目	4年目	5年目
	資金残高	6,254,049	4,087,126	4,228,423	5,729,245	6,522,380
	資金残高累計	6,254,049	10,341,175	14,569,598	20,298,843	26,821,223

つまり、コンサルタントが作成した事業計画における各項目の予算は会計部門に引き継がれ、開業初月からの月次実績数値と照らし合わせて評価するしくみ（予算実績管理）ができあがっているわけです。

　事業損益だけではありません。たとえば、電子カルテには来院患者さんの住所データが入力されていますので、それを地図にプロットすることで事業計画におけるエリア別の来院予測数を検証することができます。そこで生じる計画値との差はクリニックの有効な増患対策に活かされますし、弊社においても以後の開業サポート業務で参考にするデータベースとして蓄積されることになります。

　現在、同会計部門は大阪事務所・東京事務所を合わせ300件余りのクリニックの税務・会計業務を担っていますが、それはそのまま毎月300ずつ集積されたデータをベンチマークとした事業計画に反映されているということです。

　不遜ながら申し上げれば、「これだけの検証をして、事業計画の予測値を外すはずがない」というのが筆者の偽らざる本音です。

（5）先生の経営者意識を高めてきた「医院経営塾」

　「経営」の意味を大辞泉で引くと、「事業目的を達成するために、継続的・計画的に意思決定を行って実行に移し、事業を管理・遂

行すること」と書かれています。似たような言葉に「運営」があ
りますが、こちらは、「団体などの機能を発揮させることができ
るように組織をまとめて動かしていくこと」とあります。この２
つの言葉の大きな違いは、経営は機能発揮のための組織運営だけ
では成り立たず、「事業目的達成」のための意思決定と実行にあ
るということです。経営者自身が事業のすべてに関わり、あらゆ
ることに適切な意思決定を下すこと。それは同時に目的達成のた
めの安定的な事業収益を経営者の責任において確保しなければな
らないということでもあります。

　クリニック院長に求められるスキルは、もちろん前者の経営で
す。

　弊社が定期開催している開業を検討する先生方を対象としたセ
ミナー「医院経営塾（全４講）」は、開講から足掛け10年を迎
えました。「経営力で勝負できる院長」を目指すというのが本セ
ミナーの主旨ですが、開業前のセミナーで必ずしも高い経営者能
力を身につける必要はないと筆者は考えますし、実際のところは
開業をして、責任ある立場で現場をマネジメントしなければ経営
者能力など体得できません。これはクリニックに限らず、一般企
業経営者においても一緒のことです。

　ただ、不躾ながら申し上げると、病院勤務で基本的に医療しか
してこられなかった先生の常識には、経営における「当たり前」
との懸隔があるように感じられることがあります。医院経営塾で

お伝えしているのはクリニック経営のほんの入り口にすぎません。経営の知識や技術よりも経営者としての意識を十分に高めていただいたうえで開業に挑んで欲しいということです。

　クリニックの現場では、日々さまざまな、そして細々とした事象が起こり、院長にはその都度の的確な判断が求められます。開業の翌年、黒字経営が確保されまだ上昇が見込まれるなかで、受付事務の時給を10円上げますか？　それとも20円？　こんなことも院長の経営判断の1つなのです。

　なかには最初から経営の数字に興味をもち、独自の方法で管理されている先生もおられます。

　5年ほど前に筆者が開業支援を担当した内科クリニックの院長は、開業日以来、毎日欠かさず日計表の数字をご自身のパソコンに記録し、月次、年次単位で管理されています。

　あるとき筆者が当月の売上の低下を質したところ、先生は即座に過去4年間の集計をグラフで示され、毎年の傾向から季節変動の原因をしっかりと把握されていました。すべてが実数値で作成されているだけに、もはやクリニックオリジナルの指標といえるほどの完成度です。

　さらに、全スタッフの入職年月から初任給（時給）と昇給額を一元的にデータ管理することで、総経費における人件費の望ましいバランスと給与の公平性も保たれています。

　数字に基づく経営者の意思決定とは、会計事務所が作成する月

次試算表だけをベースにするのではなく、先生自らが数値の根拠を把握し、判断しやすい資料を整えることからも導き出すことができるということの好事例です。このクリニックの経営面での傾向は、おそらく会計業務担当者よりも先生のほうが深く把持されているのではないかと思っています。当然のことながら、このクリニックの経営は安定的な黒字が保たれていて、先生ご自身の意思で法人成りされた後は内部留保も確実に積み上がっています。

（6）改めて「かかりつけ医」としてのあり方を考察する

　2014 年に「医療介護総合確保推進法」が施行され、地域包括ケアシステムの構築が全国で始まりました。これは、高齢者の尊厳と自立生活の支援のために、地域の自主性・主体性の下で地域資源を活用し、住まい、医療、介護、予防、生活支援を一体的に提供するサービスで、すべての団塊の世代が 75 歳以上となる 2025 年を目途に整備実現を目指すものです。ちなみに、このシステムでいう「地域」とは、利用者に概ね 30 分以内で必要なサービスが提供できる日常生活圏域を指します。

　システムの中枢を担うのは区市町村の地域包括支援センターとなりますが、医療機関（在宅医療提供者）と介護サービス提供事業者の密な連携体制の構築が大切なだけに、クリニックの積極的な関与が期待されています。

この地域包括ケアシステムによって、患者さんの状態や価値観を踏まえたゲートオープナーとしてのかかりつけ医の普及が急務となりました。それに伴い、かかりつけ医制度が始まった2018年の診療報酬改定では、初診料に「機能強化加算」が新設されています。

　海外に目を向けると、ＮＨＳ（税金を原資とした国民保健サービス）によって公費負担医療が提供されているイギリスでプライマリケアを提供するＧＰ（General Practitioner）は、どのような症状であっても、まず登録したＧＰに受診を予約し、必要と診断された場合にのみＧＰの紹介で病院などの２次医療を受けられるルールが徹底されています。医療提供の財政基盤やベースとなる制度が違うので日本と同じ尺度では比較できませんが、かかりつけ医機能に関しては、イギリスのほうが一歩先んじているように筆者には感じられます。

　一方、近年は病院勤務で培った高い専門性を武器にクリニックを開業される先生が多数を占めるようになりました。弊社としても先生の弱みを副次的な方法で補完するより、強みを最大化する戦略に基づいて多くの開業をサポートしてきました。

　また標榜科とは別にサブスペシャリティとして専門領域を広告できるようなったことで、患者さんにとっては先生の提供する医療からクリニックを比較し、受けたい医療を選びやすくなったこともメリットとしてあげることができます。

　とくに都市部やオフィス街での開業であれば、専門特化の事業戦略は医療ニーズとマッチすると考えられ、弊社の支援先クリニックにおいても成功事例が数多くあります。

　しかしながら、筆者としては郊外や住宅地での開業では「都市型の専門特化」をそのまま再現することよりも、先駆的決意をもったかかりつけ医を目指すべく若い先生にチャレンジして欲しいものだと思っています。

　医療を完結させるのは一医療機関ではなく地域の連携です。入院から通院へ、その後在宅へという流れのなかにおけるクリニックの担う役割としては、早めの医療介入による疾患の早期発見、必要に応じた適切な医療や介護への紹介、退院後の切れ目のない通院・在宅ケア、慢性疾患患者さんの悪化防止の管理、さらに付け加えるならば、未病での健康維持や生活習慣の改善啓蒙などになります。そこには、高機能な医療機器などの重装備は基本的に必要としません。昔の町医者が聴診器 1 つを武器に外来や往診をしていたように、「医師としてどんな相談も受け入れるコミュニケーション力」が今でも最大の武器になり得るのではないかと筆者は考えています。

　高齢化の進展は、同時に物理的に通院ができなくなる患者さんが増えるということです。現在もすでにそうですが、今後さらに在宅診療の需要が高まるのは予測するまでもありません。先に触れた団塊の世代だけでも全国に 664 万人以上（出典：2009 年

10月人口推計［総務省統計局］）もいるのです。

　在宅療養者やそのご家族を支えるのも地域です。高齢者の疾患
は慢性疾患症状だけでなく、急性疾患症状や要介護に関連する廃
用症候群もありますから、在宅主治医としては地域専門医の連携
のほか、訪問看護師、薬剤師、理学療法士、作業療法士、言語聴
覚士、ケアマネジャー、医療ソーシャルワーカー、ヘルパー、管
理栄養士等との関わりも大切になります。とくに1人の常勤医（院
長）で運営するクリニックでの24時間365日の医療提供は不可
能なことから、オンコールにも対応できる複数の非常勤医師を採
用したうえで夜間のファーストコールは当直の訪問看護師に対応
いただき、看護師からの連絡を受けて主治医が動くセカンドコー
ル体制を整えることが現実的だと思われます。これはシステムで
動かす以前に、先生と地域医療・介護従事者等との顔の見えるコ
ミュニケーションが重要になります。先生方には、外来での「待
つ医療」から、先生自ら率先して「出向く医療」への意識を高め
ていただきたいと思います。

（7）クリニックは豊かな地域社会を創造する

　筆者にとって医療は地域のライフラインだと考えています。地
域に当たり前に存在し、蛇口をひねれば水が出るごとく、必要と
される場面で十分な質・量が安定的に供給されなければならない

のが医療です。そして医療はいつ、どんなときでも地域に開かれていなければなりません。地域医療はあくまでも住民主体の社会資産なのです。

　2020 年の新型コロナウイルス感染拡大は、医療機関の経営を大きく圧迫しました。5 月 25 日をもって緊急事態宣言は解除されましたが、筆者が本原稿を執筆している 7 月になっても、ほとんどの医療機関で業績の完全な回復にはいたっていません。1 日の全国の感染者数は 4 桁に突入し、東京都に限らず大阪府でも毎日 3 桁の感染者発生が常態化しています。しかし、この間にも医療従事者たちは昼夜を分かたぬ、わが身を削っての献身的な医療に取り組まれています。テレビのニュース番組を通じて視るだけでも、その真剣さに畏敬の念を抱かれた人は多いことでしょう。

　これは個人の資質や適性などを超えた、自分たちが人を支えていくという医療従事者に共通する根底の矜持のように感じられます。弊社もこうした医療機関を支援していくことに社会的な存在意義を見いだしたいと思っています。

　それを実現しようとしたとき、筆者はやはり本章冒頭の「どうして開業されるのですか？」という質問に立ち返ることになります。そこに「地域を創り、守る」という善なる動機と実行が伴えば先生の思いは必ず成就しますし、そこから得られた経済的なゆとりはきわめて健全な成功の証といえます。

第2章

院長の診療環境と運営の安定を
支えるスタッフの力

（1）クリニックに特有のスタッフ採用

　経営が軌道に乗り、その後も成長・安定しているクリニックで話をうかがうと、「スタッフが本当によくやってくれている」と喜ばれる先生が少なくありません。逆に、黒字経営は保たれているものの、表情のさえない先生の悩みのタネの多くは定着率の悪い、あるいはチームワークに馴染めないスタッフに原因があるようです。

　病院勤務医時代のチーム医療を思い出していただきたいのですが、スタッフを大切な経営資源として活用できているかどうかで、提供する医療の質と先生の疲弊度はかなり違いますし、それはそのままクリニックの成長を促すことにもなります。

　病院と違いクリニックでは基本的に新卒者をスタッフとして常勤採用することはありません。開業時に適正な人時数を想定して、受付事務はパート採用のスタッフで勤務シフトを組み、看護師の場合は、出産・育児などで一線を離れていた方がクリニックで現場復帰するというケースが一般的です。

　先生にとっては、病院勤務でスタッフの人事労務管理はもちろん、パートスタッフを直接指導し組織的に医療サービスを提供するなどの経験はあまりないでしょうから、クリニックの運営で戸惑うことが多い業務の１つとなっているようです。

　クリニックでの診療の流れは、基本的に「受付〜診察〜処置〜

会計」とシンプルで、それぞれの機能ごとにスタッフが配置されます。先生の運営方針で、受付事務が診療補助にも回ったり、看護師が待合室に出て患者さんの問診票を見ながら症状を聞き取るといったしくみもありますが、先生ご自身は診察室で診察に専念することになります。

　医療提供の主体は先生とはいえ、一般的な内科の正味の診察時間は初診を除けば患者さん1人あたり5分前後というのが実際です。ですから、患者さんは、医療サービスの質や満足度を看護師や受付事務の対応から判断することになります。患者さんにとってのコミュニケーションの時間に関しては、受付スタッフがもっとも長いわけです。

　ウェブサイト上で利用者がクリニックの評価を書き込むコンテンツがありますが、やや個別のバイアスがかかった感があるものの、提供する医療技術よりも、むしろスタッフの対応、接遇サービスの質に関する意見が目立ちます。これが患者さんの普通の視点です。

　クリニックが期待する受付スタッフ像に医療機関での勤務経験はとくに問うものではありませんが、レセプトの知識程度には経験があったほうがベターというのが筆者の考えです。ただ経験者の場合、前勤務先の方針が意識のなかに固定化されていて、新しいチームに馴染めない、あるいは先生と衝突するなどのケースも見てきました。勤務経験が即戦力どころか逆に組織運営の足かせ

になってしまうこともあるわけです。

　これはクリニックに限りませんが、パート採用の方は決められた時間・時給の範囲で決められた仕事だけをこなすことを前提として応募されてきます。ですから前提として、医療従事者としての一定の知識や高い意識レベルはあまり望めません。

　そこで、採用面接では先生が望ましいと思える人材としての素地をどう見抜くかというのが大きなポイントとなってきます。

　筆者が立ち会う面接では、「Yes or No」で回答できる質問を極力避け、毎回応募者本人の経験や意思で語っていただくように心がけています。たとえば、「これまでに一番印象に残っているお客様（患者さん）とのやりとり」「仕事をしてきたなかでもっとも苦しんだエピソード」「その苦境をどういう方法で克服したか」「逆に仕事の喜びや達成感を感じたこと」「女性中心というクリニックの職場環境で円滑に業務を進めるためにどういうコミュニケーションを図るか」といった現場感覚を重視した具象的な質問を投げかけています。嬉しかったことを明確に記憶していて、面接の場でしっかりと話せる人はキチンとした仕事ぶりを想像することができますし、ピンチに陥ったことを覚えている人は同じピンチを繰り返さず、またピンチをどう克服したのかによってその人の考え方や行動力を量ることができます。

　一般企業であれば常勤者を採用してから育成することが普通です。医事課が設置されている病院にもスタッフの教育体制が整っ

ていますが、クリニックにはそうした機能や余裕がありません
し、残念ながら先生ご自身に「人を育てる」概念が欠如している
と感じることがあります。そこで、前記のような個人の資質を見
抜くためのフィルターをかけるわけですが、素地が感じられても
クリニック実務への適性があるとは限りません。また、医療機関
として提供するサービスの水準と品質について総体的な均質化を
図る必要もあります。そのために全員が参加できる研修中に業務
マニュアルやサービスルールを作成し共有するわけです。

　一方看護師の採用では、先生の個性を斟酌し、診療スタイルに
も慣れている看護師を前勤務先から招き入れ、クリニックのリー
ダーに据えたいと考える先生も多くおられます。

　筆者としては前勤務先に迷惑がかからないことを条件にぜひお
連れいただくようアドバイスしています。リーダー格の看護師が
医療の専門職の立場からスタッフ向けの院内勉強会などを実施し
ているクリニックもありますが、こうした活動も医療従事者とし
ての意識の向上やチームワーク醸成に有効です。

　ただし、病院とクリニックでは勤務体系や給与水準が異なるこ
とを事前に伝え、丁寧に合意形成を図らなければ後々のトラブル
を招きかねません。

（２）スタッフの気づきと行動がクリニックの評価を決める

　スタッフに何よりも必要なスキルは患者さん本位の対応力です。もちろん、事務処理、電子カルテの操作、窓口会計、電話応対といったルーティンをミスなくこなさなければなりませんが、それと同様に大切なのは、待合室が患者さんに快適な温度に保たれているか、雨天の日に床が濡れていないか、清掃は行き届いているか、状態の辛そうな方に受付から出て適切な介助や声かけをしているか、といった気づきと行動です。またそうした医療従事者としての心がけに仕事としてのやりがいを見いだすことで、接遇サービスはさらに良質なものへと高まります。

　ところが、他のサービス業と同様に、クリニックは患者さんが自らの意思で選ぶ施設だけに、先生に対して直接言いにくい不安や、長い待ち時間などへの不満を諫言する相手も受付スタッフということになります。そこにスタッフのストレスが蓄積されます。不慣れな業務や、女性が中心となって運営していく環境下で、人間関係を良好に保つことの難しさもあります。そうしたスタッフのメンタリティに経営の長が無関心でいると、そこから無用な軋轢や不和が広がり離職を招いてしまいます。

　先生ももちろん待合室の様子は気にはなるのでしょうが、診療の流れを滞らせるわけにはいかず、スタッフから相談を受ける段になってようやく問題の深刻さに気づくというケースが見られま

す。こうなってしまうと、対応が後手に回り、関係修復が難しく
なります。対患者さんと同様に、先生にはスタッフの日々の頑張
りに関心をもっていただき、コミュニケーションを図る機会をで
きるだけ作っていただくことが大切になります。

（3）院長には見えにくいスタッフのメンタリティ

　弊社の開業支援では、多忙な先生に代わり弊社でスタッフの採
用窓口を執り行っています。

　開業の２〜３カ月前から一般公募を開始し、履歴書の受付、書
類選考、面接の設定、先生との面接立会、採用、研修等のプロセ
スのなかで重視しなければならないのは、スタッフにお願いする
業務範囲の明確化と承諾です。

　とくに未経験者の場合、先生の頭のなかにある医療従事者とし
ての「できて当たり前」の行いが不完全でしょうし、患者さんに
よってはマニュアルにはない臨機応変な対応も必要になります。
受付事務であっても繁忙する時間帯に簡単な診療補助に回ること
もありますが、「事前に言われてなかった」ことを不満に退職に
至ったケースなど数えあげたらいくらでもあります。

　スタッフの業務遂行能力に個人差は当然あるわけですが、先生
にとっては取るに足らない些末な雑務に思えても、パートでの入
職者はオーバーワークを理由に案外あっさりと辞めてしまうもの

です。こうしたことからも、開業後もスタッフとの継続的な意思疎通が必要不可欠になります。

　また、先生の配偶者（奥様）のクリニックへの関与と立ち位置にも細心の注意が必要です。

　これには、奥様が看護師などの有資格者である場合と、無資格の場合で異なります。

　無資格者の奥様が事務に加わった場合、本来のフラットな組織に上下の次序が生じてくることがあります。これが良い意味でのリーダーシップを発揮してくれれば問題ないのですが、業務の指示が先生と奥様の異なる２系統になってしまい、戸惑ったスタッフが辞めてしまったというケースがありました。経営者と現場のリーダーが夫婦とあっては、スタッフには悩みの相談自体が躊躇われてしまうのです。

　筆者としては、奥様が受付事務で入られるのであれば、あくまでも一スタッフの立場で他と同様にシフト勤務を守ること。それが守れないのであれば、一切クリニック運営には関与しないようアドバイスしています。とくに、折々クリニックに訪れて好意でお茶菓子などを差し入れるのは実は逆効果で、奥様が抜き打ちにスタッフの仕事ぶりをチェックしているのではないかという負の疑いを抱かれてしまいます。

　奥様が看護師などの場合は、受付事務とは基本的な業務が異なりますので受付事務との軋轢は起こりにくいのですが、困るのは

先生との意見の食い違いです。よくよく話を聞くと、奥様にとって先生は「院長」というより「夫」という感覚で見てしまっているようです。きっかけは診療内容のことであっても、他のスタッフからすると、医療上の口論というより痴話喧嘩を見せられるようなものですから、冷やかな目で沈黙を守るしかありません。先生ご自身もまた奥様のことが鬱陶しくもなるでしょう。

　奥様といえども、クリニックに一歩足を踏み入れたら一看護師の立場をもって先生に接することで職場のいい意味での緊張感と医療従事者同士の仲間意識も高まってきます。

　奥様のクリニックへの関与については、スタッフが働きやすい職場環境のためにどうするべきかを事前によく話し合われるようにお願いしています。

（4）スタッフの本音を引き出し改善に導く個別面談

　筆者の場合は、開業後の1カ月ないし2カ月後に採用したスタッフ全員と個別面談を実施しています。これは面談自体が主目的なのではなく、業務や組織改善の機会ととらえているものです。

　筆者からの質問内容は基本的にシンプルで、「クリニックの業務内容はイメージと違っていましたか？」や「入職から1カ月経って、院長や奥様に対する印象はどうですか？」といった直接先生には話しにくいことを想定して聞き取り、先生に報告するととも

に、先生ご自身に問題があると思われることは率直に申し上げて、必要に応じて改善を促すようにしています。また、先生から事前にスタッフへの伝達事項をうかがい筆者からスタッフに進言することもあります。

　この面談を機会に退職を申し出るスタッフもまれに現れますが、それはそれで致し方ないものとして無理に引き留めることはありません。個別面談は個人の身の去就をうかがうものではなく、先生・スタッフ双方に気づきをもたらし、良い職場風土を創出することが目的だからです。

　また、先生には毎朝の朝礼の実施をお勧めしていますが、実際には午前・午後という交代シフトが基本ですから、全員が集まって情報共有する場にはなりません。そうしたなかでも漏れがあってはならないのが、前日の勤務スタッフから翌日シフトへの伝達事項です。方法はいろいろ考えられますが、筆者はもっともアナログながら間違いのない、申し送りノートに書き込んで全員の共有ツールとすることをお勧めしています。この方法ですと個人間のメールなどとは違い、複数の目で確認し合うことができます。

第3章

事例に見る、理想の開業と
成功のプロセス

　現実の開業は、さまざまな諸条件や制約などを受けることから、定石通りのプロセスで開業準備が進められることはむしろ少なく、コンサルタントとしては、先生１人ごとにオーダーメイドの支援をさせていただくこととなります。

　「成功」の定義も、先生の価値観によってそれぞれに異なるでしょう。実現したい医療、達成したい数値が前提にあったとしても、結局は「開業医」としてのライフスタイルにどれだけの充実感が得られたか、また開業医として医療を提供するなかでどんな気づきを得たか、そして経営者意識と人格能力を醸成させ、さらに経営を伸ばす可能性を見いだせるのか。そこまで大袈裟でなくても、経営者としての成功は、勤務医として認められる才名や所得とは確実に違う価値観があるように筆者には感じられます。

　たとえば、「かかりつけ医として地域医療に貢献する」というコンセプトをもって開業された先生が、実際にかかりつけ医としての役割を実践され、経営が安定した段階で意外な医療ニーズや、自院が提供している医療機能に不足していたものなどが見えてくるのではないかと思いますし、それが経営改善や新たな設備投資のきっかけにもなります。すなわち、開業時がクリニックの完成形でなく、先生の経営力とともに育てていくものだということです。

　以下に紹介する５つの開業事例は、それぞれに異なる診療科と条件下で行われたものです。先生方の目標値もさまざまです。結

果としてすべて早期に黒字化したわけですが、開業までの道程に苦戦した例や、開業後に思わぬ事態に発展した例などから、開業準備の実際が見てとれるのではないかと思います。

（1）専門性をあえて求めず、良質な高齢者医療に取り組む現代の「町医者」を実践
／Aクリニック（内科、消化器内科、外科）

出身大学と、関連病院で消化器外科の専門医として勤務されてきたA先生は、第一線でがんの治療に取り組みながらも、いずれチャンスがあれば開業をというお考えをお持ちでした。14年間の病院勤務で専ら外科手術の研鑽に励んでこられたA先生でしたが、さすがにクリニックで提供できる外科治療は創傷などの軽症に限られますから、同じ勤務先での「院内出向」という特例的な人事で3年間内科を学び開業に臨まれました。

筆者は一般企業を経営されているA先生のお兄様からお声がけをいただき、開業の相談を承りました。開業立地に対するA先生のご希望は、自宅からの通勤距離と勤務先病院との連携を考慮したT区でしたが、駅周辺は内科の競合が多く、しかも賃料も高騰していることからリスクが高いと判断し、バス便が普段の足となる住宅地に目を向けることになりました。専門性をあえて求めず高齢者の生活習慣病などの慢性疾患を診療の中心に置きたいと考

えていたＡ先生の場合、自宅から徒歩で通院できれば、むしろ駅前よりも利用者の利便性に優れているといえました。筆者はすぐにＴ区住宅地の調査に取り掛かりました。

　結論から申し上げれば、Ａクリニックの立地選定には２年もの期間を費やしたことになります。多くの住宅地がそうですが、Ｔ区も用途地域の指定などから高層のテナントビルなどは建てられません。そうした場合はピンポイントで撤退した商業施設や空き地を探り出すことになります。そこで地主に掛け合い、あるいは地元に精通するハウスメーカーなどの協力を仰いで地主負担で建物を建設し、先生が長期の賃借を受ける「建て貸し」という方法をとることが一般的です。

　ところがＴ区住宅街の生活動線上に、クリニックの条件を満たす土地や建物の情報がどこからも出てこなかったのです。ある程度の長期戦は覚悟していましたが、適した物件がないまま１年以上が経過し、焦燥感に駆られたのは筆者だけでなく、Ａ先生も同様だっただろうと思われます。

　そうしたなかで入手した情報が、撤退した郊外型メガネストアでした。これも建て貸し物件でしたが、どの不動産会社にも情報として出回っていないものでした。住宅密集地からはワンブロック離れているものの、12台分の駐車場が確保されており、何よりもエリア内で最大規模の食品スーパーの並びに位置することから、視認性も申し分ない物件でした。Ａ先生も十分に納得された

ご様子で、筆者は地主の許可を得て広い敷地の一部を独立した区画とし、調剤薬局の誘致に動きました。これも処方数の多い高齢患者さんの利便性への配慮です。

　Aクリニックでは採用したスタッフにも恵まれました。看護師・受付のうちの各1名は、A先生の前職病院での勤務経験者ということもあって、自然な形で円滑なチームワークが形成されました。A先生自身はスタッフに直接指導することはあまりないとおっしゃいますが、「ありがとう」という感謝の気持ちは言葉で伝えるように心がけているということでした。スタッフの笑顔が、そのまま待合室の柔和な雰囲気を作り出しているように感じられます。良好な就労環境からか、スタッフの定着率も非常に高いものになっています。

　A先生のご専門である消化器について、上部内視鏡の設備・機器はクリニックにも揃えてありますが、一般内科患者さんを優先したいという考えから実施は1日1例までに限定しています。高度な内視鏡技術を持ちながら、それを強みとはせず、あくまでも「一町医者」のスタンスを守ること、さらに高い診療単価よりも多様な医療ニーズに応えることを使命とされているA先生らしい診療方針です。

　中期的な事業計画では、外来数と経営が安定的に落ち着いた段階で在宅診療の実施を検討することになっていたのですが、A先生は地域の高齢者施設からの要望を受け、開業後2年を待たずし

て在宅を受託することになりました。

　特定領域での高い専門性を発揮することだけが開業の差別化ではない、むしろ高齢者比率の高い住宅地の開業で住民が先生に求めるのは、スペシャリストではなく何でも相談に乗ってもらえるジェネラリストなのだと、筆者はA先生の成功事例から改めて学ぶこととなりました。

（2）「患者さんを引き継ぐ」変則的な継承開業で立ち上がりの不安を解消し、日帰り手術の実施でさらに患者層を拡大／B眼科クリニック（眼科）

　眼科機械メーカーから弊社とのコンサル契約を希望されていると紹介いただいた、女性医師のB先生。先生のご実家は病院を経営されていて、3代続く女性眼科医という稀代な家系です。

　当初B先生は土地を購入し、クリニック併設の自宅を建てようというお考えだったようです。実際先生の希望される現在勤務中の大学病院があるエリア内に他社から物件の紹介があったようですが、諸事情により断念されたという経緯がありました。その後は、お母様からの助言もあって、テナント開業も含め柔軟に考えるという方針転換がなされました。

　筆者は戸建て開業も視野に入れつつ、まずB先生の希望のエリアから複数の物件を紹介するとともに、診療圏の人口統計を入力

した潜在患者数と競合先プロット図を添付して説明をしました。どのエリアも数値的に大きな差があるわけではありませんし、筆者としてはあまり開業の魅力が感じられなかったのが正直な評価でした。それでもＢ先生の立地選定に対する考え方の理解は深まったでしょうし、希望のエリアに固執するより少しでも成功の可能性の高いエリアにまで視野を広げるべきだということも納得いただけたと思います。そのうえで、初期投資額を最少化しランニングコストも抑えること、土地を購入しての戸建て開業はテナント開業での経営安定化の後に検討することを双方で確認しました。

　そうしたなか、思いもよらなかった事業継承の話がもたらされたのは、Ｂ先生のお母様からでした。お母様の医師会の旧友である眼科医が高齢なことから勇退を考えておられるということでした。Ｂ先生には想定外のエリアでしたが、郊外の閑静な住宅街ながらもバス便で５駅が利用可能です。しかも、盛業中の大型スーパーの至近に位置しています。最初はやや困惑気味のＢ先生でしたが、お母様とも話し合われた結果、継承の方向で意志を固められました。筆者は早速継承元となるＳ先生を訪ねました。

　クリニックの運営体は医療法人で、土地建物はＳ先生の個人所有でした。建物は全面道路に沿ったＬ字型の２階建てで、複数の商業テナントが入居していますが、建物は結構老朽化が目立ちました。Ｓ先生は事業継承に合わせて不動産の売却を希望されてい

ましたが、筆者のよく知る設計事務所に物件を見せたところ、一部に雨漏りも見られ修繕を含める改装費は相当高額になることが予測されました。Ｓ先生は日帰り手術の実施も予定していましたので、高額な改装費＋医療機器となると不動産の購入まではとても手が回りません。Ｓ先生も理解を示され、賃貸の方向で条件を詰めることになりました。

　建物には空テナントが１区画ありました。ここで一般的な検査・処置は可能でしたが、日帰り手術を実施するには明らかに面積が不足しています。そこで、空スペースで一般外来クリニックを先行開設して患者さんの引き継ぎ期間を設け、１カ月後のＳクリニックの閉院を待って手術室に改装し竣工後に手術を開始する、つまり離れた２区画を賃借しての完成となったわけです。

　Ｓ先生はクリニックを閉院するものの、医療法人は譲渡されませんでした。そうなると、患者さんの引継ぎといっても既存のカルテはＳ先生に保管義務があります。そこで「カルテ引継ぎ承諾書」を作成し、Ｓクリニックの来院患者さんから個別に承諾をいただくことになりました。

　新設のクリニックで患者さんのみを引き継ぐというやや変則的な継承開業となったＢ眼科クリニックですが、大々的な告知をすることもなく内覧会には120人以上の方がお越しになりました。最初の週は１日20人程度の来院患者、うち約半数がＳ先生から引き継いだ患者さんでした。継承開業のメリットを享受し、Ｂ眼

科クリニックは初月からの黒字スタートとなりました。B先生は患者さん固有の症状に、時間をかけたアドバイスを行うほか、他科からの紹介患者さんについて検査結果の所見を丁寧にフィードバックされ、地域連携も確実に深まっているご様子です。

開業から2カ月後の患者数は1日30人程度にまで増加し、毎週火曜日の午後に日帰り手術も実施するようになりました。当初B先生は控えめに月10例程度できればとおっしゃっていましたが、実際には開始から3週間で白内障8例、外眼部7例の計15例の実績値をあげられています。

B眼科クリニックについては、筆者にはまだ十分な伸びしろがあるように感じています。B先生の目標であるクリニック併設住宅はそう遠くない時期に実現するかもしれません。

（3）父子それぞれが高い専門性を発揮。高感度な駅近立地を得た戸建て開業で広域からの集患をねらう ／Cクリニック（脳神経外科、整形外科）

Cクリニックは「父子2診での共同開業」で、さらにお2方の専門領域がそれぞれ異なるという筆者自身にとってもこれまで経験のなかった開業事例です。

院長となるお父様は、脳神経外科の権威として知られ、とくに小児脳神経外科での臨床・研究・教育における優れた業績が認め

られています。一方副院長の息子さんも病院勤務で培った上肢を中心とする整形外科全般に加え、米国で学ばれたスポーツ整形分野で多くのアスリートに接してきた業績が目を引きます。

　父子での開業は、院長のたっての願いだったといいます。希望の立地条件は、人が憧れをもつ高感度な住みやすい街での新築戸建て開業でした。両先生の通勤のほか、整形外科も標榜するため患者さん用の駐車場も確保しなければならず、敷地もある程度まとまった面積を必要としていました。一定の自己資金は準備されており、相場並みであれば土地の購入単価自体に特別な条件はつけていませんでしたが、医療機関としての採算面も当然重視しなければならず、該当する物件は簡単には出てきません。息子さん（副院長）の米国留学や勤務先の都合なども重なり、私が相談を受けた段階で、物件探しからすでに約10年が経過していました。

　そうした折に、地方銀行から物件を紹介された大手ハウスメーカーから、人気の私鉄沿線駅から徒歩5分に位置する県道沿いの土地とクリニック建築プランの提案がありました。立地については父子ともにとても気に入られた様子でしたので、ハウスメーカーの提案に則って詳細プランと予算、あわせて各診療科が提供する医療内容と医療機器などを早急に詰めることになりました。

　まず院長の専門とする脳神経外科では、脳神経外科、神経内科、小児神経内科（脳発達専門外来）を保険診療の3本柱とし、自費では完全予約制によるスクリーニング脳ドック、遠隔診療コンサ

ルテーション外来を実施。いずれは、午前診療後から午後診療開始までの4時間を使って、小児の訪問リハビリテーションを行う構想もあります。

　副院長の整形外科では、一般整形外科、スポーツ整形外科、手根管症候群や狭窄性腱鞘炎を中心とした日帰り手術、運動器リハビリテーション（施設基準Ⅱ）、自費では再生医療のＰＲＰ療法／ＡＰＳ療法といったクリニックとしてはきわめて専門性の高い医療を提供することになりました。

　基本的に脳神経外科は神経系を、整形外科は骨格系を診ることになりますが、脳神経外科で認められた腫瘍等に対して副院長が骨格系からアプローチするなど高度な院内連携も可能になります。

　こうした医療機能の検討、医療機器の比較選定、そして図面への落とし込み、設計変更などが続き、ハウスメーカーも四苦八苦するなかで開業予定日も何度か先延ばしされました。さらに投資総額も当初予定をかなり上回ったために、筆者は度々事業計画の練り直しを余儀なくされました。筆者は最終的な損益分岐点を月額600万円で設定しました。

　開業初日の患者数は脳神経外科が10人、整形外科が25人、レセプト点数と自費の合計は全員が初診であることに加えてＭＲＩなど高点数のオーダーがあったこともあり約4万点という上々の立ち上がりをみせると、1年も経たずして月間100万点超に

まで達しています。やや特殊なケースとはいえ、これが専門特化
のダイナミズムといえそうです。

　Cクリニックのような高い専門性を強みとする場合は、前2件
の事例のような郊外立地では厳しく、認知度や評価の高まりとと
もに広域から集患できる立地が望まれます。実際に、院長がかつ
て乳児期に脳神経外科手術を執刀した子どもが、院長の診察を受
けるためにわざわざ他県から来院されているとのことです。

（4）患者さんの意思を尊重した減薬への取り組みと仲間たち がつながり社会復帰を支え合う医療・福祉サービスへ ／Dメンタルクリニック（精神科、心療内科）

　女性医師のD先生は、大阪府保険医協会からの紹介ということ
で弊社に開業相談のご連絡をいただきました。初回の面談で現勤
務先をうかがったところ、精神科単科のS病院とのことでした。
S病院は精神科急性期治療を中核にもつ中規模病院で、弊社では
過去に同病院出身のK先生の開業をサポートさせていただいたこ
とがあります。D先生もそのことはご存じで、弊社のことはK先
生からも聞いていたとのことでした。そうしたいきさつもあり、
D先生はお会いした当日に開業コンサルティング契約のご意向を
示されました。

　心療内科（精神科）が提供する医療の基本は、向精神薬を用い

た「薬物療法」とカウンセリングや認知行動療法などの「精神療法」です。この精神療法に独自のメソッドをもち、それを強みとして開業される先生もおられます。どちらにどの程度の比重を置くかは先生の考え方によりますが、車の両輪に例えられるこのアプローチはクリニックが提供する医療にもそのままあてはまります。

　心療内科領域におけるD先生の基本方針は、患者さんの主体性を尊重するコミュニケーションと、自然回復力を妨げることのない向精神薬の選択、そして最小限の処方数です。受けたい医療を患者さんに選択していただくのは近年の共通する流れですが、D先生の開業プランはクリニックでの外来にとどまるものではなく、「心療内科クリニック」「就労継続支援B型事業」「訪問看護事業所」を立ち上げようとするものでした。つまり、外来診療だけでなく、障害者の授産的な活動をとおした社会参画の促しという福祉事業、在宅での心のケアと身体症状の観察、服薬指導（残薬管理）等を統一のコンセプトの下で行おうとするものです。これらは精神科病院の多くがもつ機能ですが、クリニック（個人開業医）が創業のアーリーステージから実践しようとするのはレアな挑戦といえます。

　D先生は、すでに現勤務先病院の近くの開業候補となる物件に目をつけられており、契約の手前まで話が進んでいる状況でした。病院とクリニックの医療機能上の違いは、入院機能をもつ病院で

は急性症状や統合失調症の重症者を受け入れられるということくらいで、外来機能に大きな差があるわけではありません。そして患者さんの担当医に対する依存的心理がきわめて高いのが精神科の特徴です。実際、担当医が他院に転職すると、それまで診てきた患者さんが離脱し、先生の転職先を探してまで通院を続けるという話をよく耳にします。そういう意味では、現勤務先の近くでの開業というD先生の考えは的確で、先生に対する地域での信頼の下に医療機能を多角化するという計画にもなるほどと思える説得性が感じられます。

　D先生に特徴的なメソッドは、統合失調症などを患う患者さんとご家族を対象としたアセスメントとリハビリプログラムである「当事者研究」。そして、患者さんが自身の身体と心の声に傾聴し、問いかけることでリカバリーを促す行動プラン「WRAP（Wellness、Recovery、Action、Plan）」の実践です。これらも一般的な心療内科クリニックにはあまり見られないアプローチで、筆者には、精神療法と精神科リエゾン、ピアサポートの主導を同時に実現しようとするようなイメージが感じられました。

　またD先生は、クリニック開業に向けて勤務先病院のスタッフに声をかけ、運営の主軸を担う人材を確保されていました。複数の医療・福祉事業所を安定的に運営していくためには、創業の精神を共有した一体感のある組織が必要になります。とくに精神科訪問看護の責任者は経験者でなければ務まりません。開業準備の

終盤はこうしたメンバーも参加してのことになりました。

　さらにD先生は、治療中の軽症患者さんや寛解に近い元患者さんを短時間シフトでの受付スタッフとして起用することにしました。受付事務をリワークプログラムやＳＳＴの一環として考えれば、まさに実践的な社会復帰へのトレーニングといえそうですし、精神科医ならではのダイナミックな発想といえます。常勤する一般採用者の２名に彼らを加え、合計10名の受付チームでのスタートとなりました。

　開業初日はD先生の診察を待ちきれないように、朝８時には多くの患者さんが列を作りました。そのほとんどが前職で診てきた患者さんです。筆者はクリニックの損益分岐売上を月額280万円と設定しましたが、開業初月に400万円超の実績値を出されました。訪問看護事業も概ね目標値をクリアしています。

　今後は在宅診療をスタートさせ、さらに強化型在宅療養支援診療所を目指されるということです。

（5）1年間、自身と医療を見つめ直し開業を決意。町医者としての患者さんへの思い、地域への感謝が成功の原点／Eクリニック（内科、循環器内科、ペインクリニック）

　Eクリニックの開業は2005年ですから今年で16年目ということになります。開業から７年目に法人成りされ、現在のE先生

の発する言葉や立ち居振る舞いには、すっかりベテラン経営者の
風格が感じられます。

　友人医師からの紹介ということで筆者が初めてＥ先生と面談さ
せていただいた日、それは開業の相談というより、現在の病院勤
務医としての生き方に対する疑問をご自身に投げかけているよう
に感じられました。

　当時Ｅ先生は循環器の専門医として、499床をもつ高度先端病
院の循環器科部長と救急センター部長を兼任されていました。救
急・急性期医療という常に一刻を争うハードワークと重責のなか
で疲労の蓄積はあったでしょうし、組織から寄せられる期待が大
きな負荷にもなっていたのだろうと思います。

　現状の勤務に対する不満や愚痴などではなく、勤務医としての
行き詰まり感と、自分の力を最大限に発揮できる医療とは何か？
いう暗礁に乗りあげているご様子がうかがえました。

　Ｅ先生にとってクリニック開業がベストな選択肢なのか、開業
医がＥ先生にもっとも相応しい医師像なのか、この答えはＥ先生
ご自身にしか見つけることはできません。筆者は、先生ご自身が
結論を導き出されるまでとことんお付き合いし、先生の言葉に真
摯に耳を傾けることにしました。

　Ｅ先生から、「猪川さん、開業をみてもらえないか」との言葉
をいただいたのは、初めてお会いしてから１年後のことでした。
つまり、先生は１年かけてご自身の進むべき道を熟考されていた

わけです。加えて、開業についての予備知識はなにもないので、すべてを任せたいというご意向を賜りました。

立地選定においてもとくに希望される条件はありませんでしたので、筆者は先生のご自宅のある最寄り駅周辺から調査を開始しました。シンボリックな大型のショッピングセンターなどはなく、周囲は閑静な住宅街です。大阪市内への通勤圏域に位置することから、転勤族も多く住んでいます。

当然、内科系の専門クリニックは多数存在しましたが、詳細を調べると循環器だけが抜け落ちていることがわかりました。居住者数、医療ニーズともに十分な集患が見込まれることから、筆者は具体的な物件の絞り込みを始めました。

筆者が目をつけたのは、駅からはやや離れているものの10分徒歩圏内で、駅前の商業エリアから生活動線上を住宅地へと入っていく角地、つまり扇の要に位置する老朽化した戸建てでした。建物は補修が効かないほど傷んでおり、解体しての建て直しが必要でしたが、かつては外科クリニックが営まれていて、住民には「医療機関」の記憶がまだ残されています。E先生にとっても地元という安心感があってか、筆者の作成した事業計画書と照らし合わせ、ほぼ即決でこの物件での開業を意思決定されました。

開業後は事業計画にほぼ沿った形で売上は順調に推移していきました。E先生に力みや前のめり感はなく、自然体のまま倦まず弛まず愚直に医療に取り組まれている印象を受けました。

　循環器領域には当然高い専門性を発揮されているものの、基本的にはどのような症状の患者さんに対しても温かく迎え入れ、真摯な姿勢で患者さんに向き合われています。これが先生の目指された「町医者」の姿です。

　また、勤務医時代から考えていたことの実践として、専門医の立場から生活習慣・環境改善を促し、「１次予防」「２次予防」を重視されています。これは、救急・急性期病院の常にパンク状態の外来の受け皿が地域に必要というＥ先生の経験に基づく考えです。

　こうしたＥ先生の診療スタイルと取り組みの姿勢は自然に地域に広まり、また医師会での活動なども大切にされていることもあって、地域連携は早期に構築されました。筆者の見るＥ先生の行動の根底には、Ｅ先生を快く迎え入れてくれた他院の先生方への感謝の気持ちが感じられます。

　余談ながら、筆者は開業後のＥ先生から、これから開業を目指される多くの先生をご紹介いただきサポートさせていただきました。開業してもなおＥ先生に寄せられる高い信頼と幅広い業界人脈にはただ驚くばかりです。この高い人格能力こそが、開業成功の源泉なのかもしれません。

第4章

地域医療をいかに
次代につなぐか

（１）個人経営から医療法人成りへの選択

　弊社コンサルティング部門で開業を支援し、グループの会計部門が税務・会計顧問として継続支援させていただいている約300件のクリニックのうち、３割以上が比較的早期に医療法人成りをされています。クリニックの医療法人成りといっても何も特別なことではなく、設立要件が緩和された1985年以降、通称「一人医師医療法人」として増え続け、国内の医療法人の80％以上に及びます。

　法人成りによって、分院や介護事業所の経営といった保健衛生に関する事業拡大が容易になるわけですが、多くは節税効果を期待するもので、実際に事業を拡大されている先生はごく少数に限られていると思われます。

　この節税効果を簡単に説明すると、まずクリニックの所有者が創業者である先生個人から法人に移行することで先生の報酬は給与となり、給与所得控除（概算必要経費）を受けることができます（表１）。法人の理事として役員報酬を受ける場合のご家族も同様です。そして、もっとも違いが出るのが所得にかかる税金で、個人に適用される超過累進課税では最大税率が45％（課税所得金額4,000万円以上）であるのに対し、法人では年間所得800万円超の部分に一律23.2％という恩恵を享受でき、内部留保を積み上げやすくなります（表２）。さらに、将来のリタイア時に、

優遇税制が適用される退職金を受けることもできます（図3）。この退職金の優遇は個人経営の事業所には認められません。

　医療の公益性・非営利性の観点から、医療法人成りすることで社会保険への加入義務や煩雑な作業などさまざまな制約も受け、メリットばかりともいえませんが、経済的側面以外にも一定の社会的信用を得ることができます。

（2）次代への経営のバトンタッチを意識した医療法人成り

　筆者が開業支援をしたクリニックのなかには、前記の節税効果への期待とは異なる理由から医療法人成りをされた先生もいらっしゃいます。

　U先生は2007年に神戸市内私鉄沿線の駅前にUクリニックを開業されました。U先生の専門は消化器内科ですが、開業以前のクリニック勤務で内科全般に対応してきた経歴をお持ちです。クリニック開設は地元で複数の高齢者入所施設を運営している社会福祉法人の要請を受けてのことでしたが、U先生は開業早々、内科外来と在宅診療、在宅患者さんの状況に応じた往診に邁進されてきました。

　U先生の医療ポリシーは、どんな状況にあっても在宅患者さんの紹介や急な呼び出しを受け入れ、決して対応を断らないことです。その医療に向き合う姿と誠実さ、そして穏やかな人柄は早期

表1 給与所得控除

課税される退職所得（退職金額−退職所得控除）	税率	控除額
1,000円〜194万9,000円	5%	0円
195万円〜329万9,000円	10%	9万7,500円
330万円〜694万9,000円	20%	42万7,500円
695万円〜899万9,000円	23%	63万6,000円
900万円〜1,799万9,000円	33%	153万6,000円
1,800万円〜3,999万9,000円	40%	279万6,000円
4,000万円以上	45%	479万6,000円

出典：国税庁ホームページ資料

表2 法人税の概算

区分				適用関係（開始事業年度）		
				平28.4.1以後	平30.4.1以後	令1.4.1以後
普通法人	資本金1億円以下の法人など	年800万円以下の部分	下記以外の法人	15%	15%	15%
			適用除外事業者			19%
		年800万円超の部分		23.40%	23.20%	23.20%
	上記以外の普通法人			23.40%	23.20%	23.20%

出典：国税庁ホームページ資料

に地域に浸透しました。

　またU先生を中心に、病院、訪問看護事業所、ケアマネジャー、調剤薬局、歯科診療所、理学療法士等が密に連携し、在宅医療提供を地域で支えるしくみが構築されています。

　Uクリニックの外来は駅前立地ということから仕事をもつサラリーマン層にも配慮し、診療時間を夜7時半までという方針を貫く一方で、在宅療養支援診療所として24時間365日のサービス提供を継続するために複数の非常勤医師の協力を得て運営されてきました。そして、開業から7年目にU先生はクリニックを法人成りし、旧勤務先病院の後輩医師であるK先生を常勤副院長として招き入れました。U先生の年齢は開業医の平均年齢とされる60代半ばですが、ゆくゆくは実力・人格ともに認めるK先生に理事長に就任していただき、クリニック経営と自ら構築した地域医療を継承して欲しいとの考えがあってのことです。

　地域からの厚い信頼と、医療機関としての信用、さらに盤石な経営基盤を次代に継承するための下地作りとしての法人成りという動機もあるということです。

　ところで、U先生からは、昨年まったく別件の事業継承の相談を承りました。

　同じ市内の異なる診療圏で古くから運営されているT内科医院で、T院長が手術を必要とする重病を患い一時閉院を余儀なくされました。手術は無事に終えましたが、高齢ということもあって

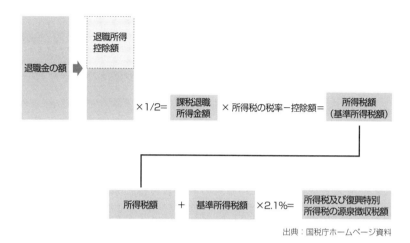

出典：国税庁ホームページ資料

図３

連日 50 〜 60 人の患者さんに対応することは難しく、Ｔ院長は地区医師会に事業継承の相談を持ちかけたとのことです。そこで白羽の矢が立ったのがU先生でした。

　自院の運営だけでも手一杯のU先生にとっては思いもよらなかった要請でしたが、Ｔ内科の患者さんを何とか守らなければという責任感が考えるより先に先生の行動を後押ししました。少なくともそこに私心はなく、Ｔ院長のご意向を最大限に重んじたいということから、筆者を交えて事業スキームを考えることになりました。

　第三者間の事業継承では、医院の保有する資産やこれまでの事業実績などから評価額を設定することになります。本件において

も、筆者はＴ内科の経営状況に対して公平に数千万円の譲渡価額を想定していました。ところが、驚くことにＴ院長は対価を受けることを望まれませんでした。つまり事業の無償譲渡ということです。

結果的に継承スキームは、Ｔ内科医院を医療法人Ｕクリニックの分院とし、Ｔ院長を管理医師としたまま院長の退院を待って診療を再開。本院のＵクリニックの管理医師はＫ先生に担っていただき、Ｕ先生は分院長としてＴ内科の患者さんを引き継ぎつつも、Ｔ先生にも体調と相談しながら週２日、診察に来ていただくこととしました。Ｔ先生には、一線を退いた後も、生涯現役の精神で地域社会とのつながりを大切にしていただきたいというＵ先生の思いもありました。かつての近江商人が事業の社会的意義と、未来に永続する事業の必須条件として説いた「三方善」の考えがそのまま踏襲された継承事例といっていいでしょう。

地域医療を守るための法人成りと、私心なき医師同士の事業継承。その根底に流れる精神は自らが地域を守らなければならないという利他です。筆者はクリニックのあるべき本筋をこの事例に見る思いがしました。

（3）クリニック事業継承に向き合う日本医業総研の姿勢

日本医業総研は、創立から24年目を迎えました。そして、設

立当初にクリニック開業を支援させていただいた先生方も 20 年以上の年月を重ね、事業の成熟とともに、ご自身の勇退と次代への継承を意識する年齢になられました。近年、そうした先生方から事業継承のご相談を数多く承るようになってきています。ゼロから地域で必要とされる医療を先生とともに創り出し、発展させ、健康面から地域の世代交代を 10 年単位で見守り、次代へつなぐ。そのすべての転機にコンサルタントとして関与してきて、弊社の仕事は約 20 年という単位がある種の循環サイクルといえるのではないかという思いにいたりました。この世代を跨ぐ長期的な循環をマネジメントできることが、弊社の存在意義であると筆者は強く感じています。

　一方で、クリニックの事業継承に関するマッチングサービスを提供する事業所が増えてきているように感じられます。開業医の平均年齢が約 65 歳とされていますが、過去に毎年数千件のペースで純増してきたクリニック院長が 60 代以上になってきていますので、事業継承ニーズは今後ますます増加していくと考えられます。

　ちなみに、近年続く中小を中心とした企業数の減少から、事業承継税制の改正や経営承継円滑化法の改正が施行されてきましたが、これらの法規は基本的に株式会社の継承に焦点を当てたもので、関連法人などをもたない単体クリニックに関しては無関係とはいえませんが、あまり意識する必要はないと思われます。

クリニックの事業継承のパターンは図4に整理することができます。

　まず継承しようとするクリニックの経営母体が「個人」か「医療法人」なのかという2分類。そしてそれぞれに継承先が「親族」か「第三者」かによって4分類、さらに、承継先が「個人」か「医療法人」か、という8分類ということになります。

　一般的には、親のクリニックを子息・息女が引き継ぐイメージがありますが、現在、親子ともに医師という家庭は約半数とされていて、家業のクリニックを子が継ぐケースはさらに半数にすぎないというのが弊社調べのデータです。つまり、親子間で継承されるクリニックの割合は全体の1／4程度でしかなく、他は第三者への継承、それがかなわない約半数は閉院ということになります。都市部ではコンビニ並みに過多するクリニックが、ある地方では医療過疎を招いているという実態から目を背けてはならず、筆者自身に課せられた課題でもあると考えています。

（4）院長が認識すべき事業継承のタイミング

　一部の例外を除き院長が70歳前後というのが事業継承の年齢的な目安のようです。確かに親子間継承では、子息・息女の開業適齢期にもほぼあてはまる年齢といえそうです。

　しかし筆者がセミナーなどを通じてよく話をさせていただくの

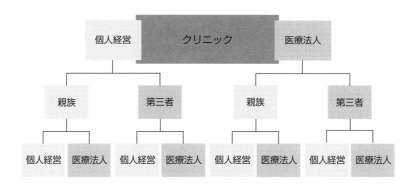

図4 クリニック事業継承パターン

は、たとえピーク時に1日100人の来院患者があったとしても、年数を重ねて売上が明らかに下降線をたどり、患者数が20人を切るような状況になってから継承のアクションを起こしても、継承する相手の手があがらないということです。安定数の患者さんを引き継ぎ、初月からの黒字経営が期待できるという継承開業のメリットが得られないクリニックには、少額であっても投資の魅力がありません。最新の知見を得る若い院長に交代しても、一旦離散してしまった患者さんを再びクリニックに呼び戻すほどの動機づけにはなりにくいのです。

　そこで、将来の継承を念頭におくのであれば、ご自身が60歳を超え、安定的な水平飛行の売上に微減の兆しが見えてきた段階からコンサルタントに相談するなどの準備を始めることをお勧めしています。

（5）事業継承で大切な創設者へのリスペクト

　クリニックの事業継承を考えるときの、最大の継承財産は患者さんです。決算書には「売上」でしか記載されませんが、医業は個別のカルテに記載されてきた記録が、イコール地域医療を構築し支えてきた業績を表しています。年間5,000万円以上の収益を出している一般内科クリニックであっても、それは患者さん1人1回あたり4,000～5,000円程度にすぎない診療単価で積み上げられた数値であるということです。

　現院長は、これだけの数の患者さんから信頼を得て、20～30年という長きにわたり守ってこられました。この業績は、医療技術に加えた医師としての高い人格能力を表しています。親子、第三者は関係なく、継承開業を考える先生には、現院長の業績を認めたうえで接していただきたいと思いますし、筆者のマッチングでももっとも気を遣っている部分でもあります。個性や価値観のまったく異なる先生間の継承はやはりまとまりませんし、継承先候補の先生が、「儲かるかどうか」という考えだけで検討されている場合は、筆者は原則的にお断りするようにしています。

　やや青臭い主張に思われるかもしれませんが、現院長をリスペクトすることが継承開業の原点であり、その気持ちが地域医療と患者さんを守ることの源泉だろうと思うのです。若い先生が引き継ぐことで医療レベルが高まることはあるでしょうが、まずは現

院長の意志をどういう形で引き継ぐかをコンサルティングの第一義としたいと思っています。

　筆者がサポートの依頼を受けた親子間継承で思い入れの深い事例があります。

　S先生は40歳を機に、勤務先病院の近くでの開業を検討されていました。ご実家のお父様は小さな町の開業医として長年地元住民から親しまれてきました。その父親も70代半ばで精力的に医療を続けることは難しく、売上もピーク時の半分程度にまで落ち込んでいました。S先生は当然のことながら実家の継承ということも検討してきましたが、現在の自宅からは車で1時間半はかかる距離です。現在の自宅は持ち家ですし、お子様の進学などの事情から、家族で田舎に移り住むことに賛同は得られにくい状況でした。それでも継承の道を選んだのは、子どものころから地域医療に全力を注ぐ父親を尊敬し、自らも同じ医師の道を選んだからです。父親の地域からの信頼はS先生にとっても誇りであり、それを継承できるのは自分しかいないという使命感が何よりも優りました。

　築30年の戸建てクリニックは相応に老朽化しているものの、建て替えるほどの設備投資まではできず、内装のみのリニューアルをすることになりました。内装工事期間中も休診するわけにはいかないことから、クリニックの前面道路を挟んだ駐車場に仮設診療所を設営して父親が診察にあたり、工事終了を待ってS先生

に開設者を変更して事業継承を終えました。

　新院長となったＳ先生は、毎週月曜日の朝６時に自宅を出て車で出勤すると、月・火曜日の診療後は実家に泊まり、休診日の水曜日朝に帰宅。木・金曜日にまた実家に泊まり土曜日の午前診療終了後に帰宅するという二重生活を送られています。

　地元の方々も息子のＳ先生の帰郷を快く迎え入れてくれたようです。１日20人程度に落ち込んでいた患者数は、継承後１年を待たずして40〜50人にまで回復しています。筆者はこの事例に地域医療を守り続けようと志す親子間継承の、もっとも望ましい姿を見る思いがしました。

（6）出資持分（株価）ではなく営業権評価で継承

　事業所のＭ＆Ａでは、適正な事業譲渡金額の算定が必要になります。その基本になるのは帳簿上の資産・負債をすべて時価で再評価した「時価純資産価額」＋「営業権」とするのが一般的です。

　純資産価額は試算表などから明確な根拠をもった算定をすることができるのですが、とくに決まった定めがないのが営業権です。本書継承事例のＴ内科医院では、継承元のＴ先生が営業権を求めなかったことから無償譲渡となったわけですが、結局は利害関係のある当事者間の合意事項だということです。無償での継承も少なくはないのですが、個人的な意見ながら、筆者は現院長が長年

積み上げた地域の信頼という業績に対する敬意を営業権に置き換えて発生させるべきだと思っています。営業権という言葉にリアリティがないのであれば、「のれん代」といったほうがイメージが湧くかもしれません。ちなみにこの営業権は、譲受側には会計上無形固定資産として計上され、月額按分によって償却されることになります。つまり現院長の培った実績と信頼は目に見えない「資産」なのだということです。

　他のコンサルティング会社では、クリニックの営業権を平均診療報酬額の2カ月分などとすることが一般的なようですが、弊社の場合は1年間分の医業利益額を基本としています。診療報酬額で算定してしまうと、都市部での開業では家賃や人件費などが固定経費を引き上げることで、売上ほどには利益が上がっていないケースが多々あり評価の公平性が保たれません。売買金額の根拠は、どれだけの収益事業であるかで判断すべきというのが弊社の考えです。

　この利益の1年間分というのは、一般的な企業のM＆Aと比較すると、破格の安さといっていい金額設定で、一般企業を同じ評価基準に置き換えれば、年間利益の2〜3倍以上というのがごく普通だと思われます。低金利時代の投資に対するリターンとしては、それでも十分な利回りが見込まれるからです。

　本書1章でも述べましたが、一般的な内科の新規開業でも、5,000〜6,000万円を要し、売上はゼロからのスタートです。年

間3,000万円の利益を生んでいるクリニックを、3,000万円で取得でき、なおかつ黒字に達する患者数を引き継げるのであれば、額面上1年で投資を回収できるということになります。継承後の新院長の金銭的なリスクは大幅に軽減されますし、金融機関にとっても安全性の高い融資案件となるわけです。

　一般企業のM＆Aでは株式の時価評価額が売買金額となることがありますが、配当、分配、換金性のない非営利の医療法人を出資金評価額の売買にしてしまうと、非常に高額でしかも投じた資金に経費性がありませんし、その資金を金利の発生する銀行借り入れでまかなうことには合理性が感じられません。つまり、利益相当額を営業権という資産で売買することで、譲受側に償却（経費化）というメリットが生じてくるわけです。

　一方、譲渡側の先生にとっては、1年間の利益相当額を退職金で受け取るより、出資金評価で売買したほうが手取り金額は明らかに増えます。たとえば、1,000万円の出資金を評価額の1億円で売却した場合、差額の9,000万円に対する20.315％（所得税15％、復興特別所得税0.315％、地方税5％）＝18,283,500円の源泉分離課税で納税が完結しますが、退職金として9,000万円を受給すると、先生の勤続年数などにもよりますが税率は概ね20％（(9,000万円－800万円（退職所得控除)) ×1／2×45％（税率）－4,796,000円（控除額）＝13,654,000円（Ａ）、13,654,000円×2.1％＝286,734円（復興特別所得税）

（B）、（9,000万円－800万円（退職所得控除））×1／2×
10%（地方税）＝4,100,000円（C）、（A）＋（B）＋（C）
＝18,040,734円）となります。税率の差は決して少なくありま
せんが、譲受側の先生への配慮がなければ継承自体が進みません。
譲渡側の先生には、税率の差は継承の必要経費と割り切っていた
だいているのが実際のところです。

　ただし、退職金の継承スキームにも注意しなければならない点
があります。

　法人税法では、合理性が認められない不当に過大な役員退職金
の損金算入を認めていません。つまり、不当とされた金額に、法
人税がかかってくるということです。ところが、この合理性のあ
る金額の算定方法について法人税法は規定を示していません。過
去の判例では、「功績倍率法」と「1年当たり平均額法」という
2つの方法が用いられていますが、経営者の法人への功績が直接
反映されている功績倍率法を重視する傾向があります。この算定
方法における「功績倍率」ですが、これも過去の判例で株式会社
に対して示した、「社長3.0、専務2.4、常務2.2、平取締役1.8、
監査役1.6」が一般的に採用されています。つまり「不当に過大」
と判断されるのは、退職金を意識して直前に極端に役員報酬を増
額した場合と、功績倍率が不自然に高い場合ということがいえま
す。この考えに則って、先生の最終報酬月額を200万円、勤続
年数を25年としたときの退職金の適正額は、200万円（報酬額）

× 25 年（勤続年数）× 3.0（功績倍率）＝ 1 億 5,000 万円と算定することができます。

　これを大幅に超えて過大役員退職金となった場合、退職金を受給した先生はすでに所得税や住民税を納めているので付帯税などのデメリットが生じることはありませんが、継承後医療法人では、結果的に役員退職金を欠損金として計上することになります。この過大役員退職金相当分を申告することによって、欠損金繰越控除を受けられる期間が短縮されるということは、それだけ早期に課税対象の利益が出ることになりますが、結果的に納める税額は同じですし、先に申告することで延滞税や加算税といった無駄を防ぐことができます。

　もっとも筆者の経験上、実際は 3 年間程度の法人の利益で計上した欠損金を消化してしまうのがほとんどで、欠損金繰越控除が 5 年にわたるケースはあまりありません。つまり 9 年経って大きな問題に発展することは現実的にはないだろうということです。

　以上は主に医療法人の継承において発生する対価と税について書きましたが、個人立の場合の売買金額は譲渡側先生の譲渡所得となりすべてが課税の対象となります。そこで、年の終盤に事業を継承すると、当年の継承時までの事業利益と譲渡所得を合算した総合課税という扱いになります。つまり、確定申告は該当年の 1/ 1 ～ 12/31 までに発生した総合課税対象所得を算定しますから、税金のことだけを考えるのであれば、譲渡日を翌年の 1 月に

するなどの検討が必要ともいえます。

　また、まれなケースとして、土地や建物といった不動産も一緒に売買する場合がありますが、この金額も基本は当事者間の合意事項となります。ただ、固定資産税評価額だとやや低くなり過ぎる傾向がありますので、不動産鑑定士による鑑定評価額がもっとも妥当性が高いと思われます。筆者の経験では不動産の売買はそれだけで非常に高額になりますので、一旦現所有者（譲渡側）から賃借を受け、潤沢な内部留保ができた段階で購入を検討するほうが現実的だと感じます。

（7）事業継承に伴うスタッフの引き継ぎ

　現院長の大多数が心配されるのは、継承後のスタッフの扱いです。ご自身のリタイアになるべくならスタッフを巻き込みたくないというのがみなさんの本音で、スタッフ本人が望むかぎりにおいて、新院長には同じ労働条件で雇用を継続していただきたいという思いがそこにあります。

　継承される先生にとっても長年勤務されていたスタッフはクリニックの顔であり、カルテに記載のない患者さんやご家族の事情などに詳しい方もいるでしょうから、患者さんの離散防止も含め欠くことのできない人材です。また患者さんが院長とスタッフの総入れ換えで、まったく別のクリニックに来院したような違和感

を抱いてしまっては、先生が継承開業を選んだ意味がなくなってしまいます。

　スタッフの引き継ぎに関しては、クリニックの経営が医療法人なのか個人立なのかによって実務が異なります。医療法人の場合は、スタッフは院長個人ではなく法人と雇用契約を締結していますので継承後も契約は存続し、原則として業務内容や賃金等が変わることはありません。ただし、賞与や以後の昇給等に関しては、個別に相談させていただくこともあります。

　一方個人立の場合、継承による管理医師の交代に伴って旧クリニックは廃止されますので、スタッフの雇用契約はその時点で失効することになります。つまり、スタッフに対しては、新院長が個別面談で新たな雇用条件を提示して合意形成を図り、雇用契約を締結し直す必要があります。多くの場合は、現状の雇用条件を極力考慮したものになりますが、まれに長年の勤務と前院長の評価からパート雇用の時給が受付で 1,500 ～ 1,800 円、看護師が 2,000 円を優に上回るまでに高騰しているケースがあります。こうした場合は、コンサルタントも同席して面談を実施し、事業計画や現在の相場を反映した金額に近づくよう交渉するようにしています。この交渉もあまり揉めることはありません。

　いずれにしても、スタッフの生活を守るということが院長としての基本姿勢であるべきです。個別面談では条件面の擦り合わせに終始せず、個々のスタッフが高いモチベーションを維持して継

承後のクリニック運営に力を発揮できる環境作りを一緒に考える
コミュニケーション機会としたいものです。

（8）事業継承に伴う診療とカルテの引き継ぎ

　事業継承後の来院患者に大きく影響するのが、新旧院長の診療
方針の引き継ぎです。

　個人立のクリニック継承では、保険医療機関指定の切れ目をな
くすために継承先の先生に継承までの一定期間診察に加わってい
ただくことになりますが、筆者は医療法人の場合でも継承前の２
〜３カ月間、患者さんへの院長交代の案内も含め、非常勤での引
き継ぎ期間を設けるようにしています。また、継承後は期間を定
めて逆に前院長に非常勤で診療に入っていただくこともお勧めし
ています。

　先生にはそれぞれの診療方針やスタイルがあります。とくに若
い先生であれば、直近まで病院で最新かつ専門性の高い医療を経
験されてこられたので、現院長の診療内容に物足りなさを感じら
れるかもしれません。それでも、筆者は引き継ぎ期間において、
「現院長の診療を完全コピーしてください」とお願いしています。
つけ加えて、「承継後も３カ月〜半年間はコピーしたままの診療
を続けてください」とも申し上げています。大事なことは、現在
通院されている患者さんは、現院長の診療方針を認められていて、

必ずしも最新の医学的な知見を求めてはいないということです。高齢者であればなおのこと受ける医療に保守的です。その前提にあるのは、現院長のことを心から信頼されているということです。診療を完全コピーすることは、現院長の考えや信頼を引き継ぐことと同義です。継承後も一定期間これを続けるなかで患者さんとの関係性を深め、明らかに新院長をかかりつけ医として認めた感触を得てからご自身の特色を出していくことが継承開業の一番のポイントになります。

それでも、継承後は２割程度の患者さんの離散を覚悟する必要があります。ただし、減少した患者数は、半年後には回復かあるいはそれ以上の数が期待できます。それは離散した患者さんが戻ってくるというより、若い院長による最新の治療を受けたいという受診ニーズが一定数見込まれるからです。少なくとも、院長交代で来院患者数が下がったままという事例は筆者の経験にはありません。

患者さんの引き継ぎという意味で慎重にならなければならないのがカルテの扱いです。カルテの所有権はクリニックの開設者、つまり医療法人なら法人に、個人なら現院長に帰属します。医療法人の場合であれば院長の交代だけですのでまったく問題になりませんが、個人の場合のカルテは現院長に所有権（保管義務）が残ることになります。医療法に定めるカルテの保管期間は５年ですから、紙カルテを使用している場合は、継承後も現院長の責任

において保管することになりますので、個人情報保護の観点から、引き継ぎ期間中に来院された患者さん一人ひとりに対してカルテ引き継ぎの同意を取り付けることになります。

　紙カルテの場合、継承に合わせて電子カルテにすべてのデータを移行することになりますが、その作業は、アクティブに動いているカルテについては開業後に最初に来院される都度入力していくというイメージです。カルテ枚数自体は膨大な量が保管されていますが、アクティブに動いているのは直近1年程度ですので、結果的に多くは倉庫に眠ったままということになります。

（9）事業継承の落とし穴

　筆者には未経験ですし、クリニックではあまり考えにくいことですが、事業継承後に前院長の医療過誤等に対する訴訟が起こるリスクもまったくないとはいいきれません。前院長に過失責任が認められた場合の金銭的なリスクは前院長が医師賠償責任保険を使ってヘッジすることができるのですが、継承を機に保険を解約される先生がいらっしゃいますので、継承後もB会員として医師会に残っていただき、医師賠償責任保険の特約が使える状態にしていただいています。

　しかしこうしたトラブルに、報道機関は現医療法人（クリニック）と現理事長（院長）名を併記して公表することがありますか

ら、見過ごせないレピュレーションリスクとなります。これが予測不能な落とし穴といえます。

　さらに気を付けたいのはレセプトです。クリニックの売上はレセプトで構成されています。その年間総売上から経費を差し引いた金額が利益で、弊社ではその利益額相当分を継承の際の営業権として設定していると書きましたが、レセプトが適正に履行されていないと、継承の前提条件がくずれてしまいます。

　筆者の古い経験になりますが、80代のベテラン院長から30代の先生に7,000万円で継承された医療法人があったのですが、契約が済み営業権料を支払い終えた後に過去のレセプトを見直したところ前院長の処方薬の水増し請求が認められました。もちろん前院長に不義の意図があったわけではなく、かつて紙カルテを運用し院内処方が普通だった時代には少なくなかったケアレスミスです。前院長には、支払った全額を返金いただいたうえでご本人に地元厚生局に出向いていただき、過去に遡って過払い金を精算していただきました。返金ではやや感情的になった部分もありましたが、継承後のクリニック経営は順調に推移し、3年後に新院長から改めて営業権料が支払われることになりました。幸い継承後の返戻レセプトなどの大事には至らなかったものの、契約前のレセプトチェックの重要性は、筆者自身が身をもって得た教訓となりました。

（10）　クリニック開業支援から20年後の継承支援へ

①ライフプラン通りの60歳でのハッピーリタイアメント。非常勤医に継承することで、患者さんに抵抗感のないスムーズな引き継ぎ／F内科クリニック

　1998年に開業したF内科クリニック。筆者は前勤務先からの紹介でF先生から開業の相談を受けました。

　20年以上も前のことですから、新規開業といっても現在ほどには神経を尖らすような緊張感はなく、よほど立地選定を間違えないかぎり開業リスクは少ないといえた時代でした。

　F先生の場合は、相談をいただいた時点ですでに開業物件が決まっていて、筆者も現地に出向いて確認しましたが、最寄りの私鉄駅からはバス便で約10分とやや離れているものの、背後は扇状に住宅地が広がり、以後も開発による人口増が見込まれました。駅周辺に比べると当然テナント賃料も低く抑えられ、内科の幅広い領域を診るにはまったく問題のない立地といえました。

　当時のF先生の年齢は40歳でしたが、筆者が鮮明に記憶しているのは、あと20年、つまり60歳で開業医を辞めると宣言されたF先生の言葉でした。民間企業の多くが60歳定年とはいえ、開業医が引退するにはあまりに若く、理由をうかがったところ、60代からは趣味を楽しむ人生を送りたいと、冗談とも本気とも

つかないことをおっしゃっておられましたが、先生ご自身にとって、医師というだけが人生ではないという強い気持ちは伝わってきました。実際にゴルフやスキューバ、ボートなどF先生のご趣味は多彩で、体力を必要とするアクティブなものばかりでした。

　それから20年が経ち、F先生からすでに法人成りしているクリニックを第三者に継承したいという相談の連絡をいただきました。F先生の60歳での引退は本当だったわけです。

　継承の相手候補もすでに決まっていました。地元の大学病院に勤務しながら非常勤でクリニックの内視鏡専門外来を担当いただいているI先生です。F先生が口頭で打診したかぎりでは感触は悪くなかったということでした。

　筆者が過去3期に遡って法人の決算書を調べたところ、F内科クリニックの年間売上は1億4,000万円前後で安定し、利益ベースでは5,000万円弱といったところでしたので、筆者は利益相当分を営業権として設定しF先生に伝えたところ、先生の希望額は8,000万円と大きな開きがありました。8,000万円という金額に特別な根拠は示されませんでしたが、おそらくは、リタイア後の生活設計を考えてのことでしょう。筆者はF先生の希望額のままI先生に伝えることにしました。

　意外なことに、I先生は金額に驚かれることもなく冷静に話を受け止められ、その場で事業継承は合意となりました。もちろん高額な売買であっても、継承後も現状の法人の利益が保たれてい

るかぎりにおいてＩ先生ご自身にはリスクが少ない事業スキームであることを丁寧に説明してのことです。つまり、銀行からの資金調達はあくまで法人名義で行い、そこから退職金としてＦ先生に8,000万円を支給することと、8,000万円の欠損金によって生じる税制上メリット、そうすることで新理事長になるＩ先生の実質的な負担は約半額であることをご理解いただきました。

　Ｉ先生が非常勤で勤務されていたことで患者さんのこともある程度理解されていたこともあり、継承に伴う引き継ぎは非常にスムーズに行われました。また患者さんにとっても院長交替の抵抗感がなかったようで、継承直後に患者数を減らすこともありませんでした。

　現在のＦ内科クリニックはＦ前院長の診療スタイルを踏襲しながらも非常勤医を増員し、先進的医療を採り入れた糖尿病や睡眠時無呼吸の専門外来が設置されているほか、訪問診療にも積極的に取り組まれています。

　承継してもなお守り続ける医療と、幅広いニーズに応える新たな取り組みによってＦ内科クリニックは安定飛行の経営から脱皮し再び上昇を始めています。

②かつて指導した医局の後輩に継承。医療を高次化させながらも引き継がれた「For the Patients」のコンセプト ／G泌尿器科クリニック

　G泌尿器科の開業は2000年ですが、G先生とのファーストコンタクトの際、屋外で待ち合わせをしていたところ、初対面の筆者を見つけるなり、「あっ、猪川君！」と気さくにお声がけいただいたことを覚えています。同時に、このときの第一印象から、「この先生の診察なら、間違いなく患者さんが定着するな」という親和感情を抱きました。

　G先生のケースも前記F先生と同様、開業物件はほぼ決められていました。私鉄駅から近くの生活動線に面したビルの2Fで、診療圏に泌尿器科の競合クリニックはありません。また同フロアには眼科が入居し、1Fには調剤薬局が開設されています。駐車場も複数台分が完備されていて、主力患者である高齢者には非常に利便性の高い物件といえました。

　ですから、筆者は事業計画立案から開業までのすべてのプロセスをお任せいただいたのですが、資金調達、内装設計・施工の手配、医療機器・薬品・医療材料等の手配、印刷物、告知広告、スタッフ募集・採用、各種届出、研修・模擬診療、内覧会などのことあるごとにG先生は立ち会われました。筆者とG先生は、どこへ行くにも一緒でという感じです。

　またＧ先生の奥様もとても開業に協力的で、先生のご自宅へう
かがっての打ち合わせには毎回同席されたほか、開業時から受付
に入られクリニック運営を切り盛りされてきました。

　Ｇ先生がクリニックを継承することになったのは開業から14
年後の2014年のことです。先生が引き継ぎの話を持ちかけられ
た方は医局の後輩で、かつてＧ先生が指導されたＹ先生でした。

　実は当初Ｇ先生は事業継承の相談を他の会計事務所にされたよ
うですが、担当者から示された継承スキームと金額条件に納得が
いかず、改めて筆者に相談をいただいたという経緯があります。

　筆者はＧ先生に退職金を支給する年間利益相当分営業権の設定
をご説明し、同時に継承元・先それぞれのメリット・デメリット
を理解していただいたうえで承継スキームを組み、時価純資産評
価額と営業権の合計を3,800万円に設定しました。結果として
Ｇ先生に納得いただき、継承されるＹ先生にも十分リーズナブル
といえる条件での継承となったと思っています。

　継承後のＹ先生は、かつて医局の指導者として親炙したＧ先生
の意志を大切に守って診療スタイルをそのまま踏襲。クリニック
名をＹクリニックに変更された現在は、新たにペインクリニック
の専門外来機能を加え医療機能を充実させつつも、Ｇ先生から引
き継いだ、「For the Patients」のコンセプトはＧ先生への感謝の
気持ちとともに、そのままホームページのスローガンとして使わ
れています。

そしてG先生ですが、自院を後輩に託したものの、それで医師を引退されたわけではありません。じつはG泌尿器科クリニックが盛況している段階から、いずれは僻地医療に取り組みたいとお考えだったということで、現在はご夫婦で自宅を離れ、奈良県の奥地で小さなクリニックを営んでおられます。筆者は地域医療を愛する医師だからこその、生涯現役のあり方をG先生ご夫妻の姿に見る思いがしました。

③体調不良と郷里の母親の介助から継承を決意。保険診療の継続と女性医師らしいリニューアルで新患の獲得に期待／H皮膚科クリニック

2001年に弊社が組成した医療モールについてお問い合わせをいただき、2002年にH皮膚科クリニックを開業されたH先生。同施設にはすでに眼科、婦人科、内科・外科、小児科が開設されていて最後に残っていた一区画でした。

事業計画や資金調達も含め、開業準備自体は何の問題もなく進みましたが、開業のスタッフ研修中に思いもよらないトラブルが発生しました。レセコン操作の研修中、2人の女性スタッフに真剣さがまるで感じられず、医療従事者としての自覚に欠ける批判的な態度をとったというのです。この問題をH先生に指摘したのは、驚いたことにレセコンメーカーの女性インストラクターでした。普通、医療機器メーカーの担当者が納入先顧客のスタッフの

言動の問題に触れるなどはあり得ない禁忌事項です。インストラクターにとっては、クリニックの運営を憂慮しての勇気ある行動だと思われました。筆者はＨ先生の了解を得たうえで、翌日問題の２人と面談の場を設け即座に解雇を通告し、急きょ新たな人材の確保に走ることになりました。こればかりは、筆者にとっても２度と味わいたくない苦い経験となりました。

　Ｈ先生はいい意味での控えめな方で、経営を伸ばすことよりも、ご自身に無理のないマイペースなスタイルを大切にされ、医業収入も租税特別措置法で定められている優遇税制の範囲内（総収入7,000万円以下かつ保険診療報酬5,000万円以下）に収める無理のない経営をされてきました。

　そのＨ先生から事業継承の相談で筆者にご連絡をいただいたのは2019年のことです。最近Ｈ先生ご自身が体調をくずされたことでクリニックを休診し、２週間後に再開したもののいまだ体調が完全には回復しないということでした。さらに、他県のご実家に１人で暮らすお母様も高齢で、できることなら郷里で母親を介助しながら一緒に暮らしたいというのが継承の理由でした。

　Ｈ皮膚科クリニックは個人立で運営されてきましたので、営業権を設定し現院長に退職金を支払う継承スキームには該当しません。筆者はＨ先生の過去の確定申告書や最近の試算表などのデータから2,000万円の継承価額を設定しＨ先生も同意されました。

　継承先を見つけるのはやや難航しましたが、半年後に紹介会社

を通じて女性医師のＦ先生から手があがりました。Ｆ先生のご主人も開業医として盛業していることから経済的なハードルは低く、継承条件には何も問題はありませんでした。

　本書でも記した通り、個人立のクリニックで保険診療を切れ目なく継承するには、遡及手続きが必要になります。そこで、継承の３カ月前からＦ先生も診療に加わり、その間に診療スタイルと患者さんの引き継ぎが行われました。

　Ｆ先生には継承後に自費の美容領域を特徴として打ち出したいという考えがありました。実際、医療モールも女性の美容ニーズが一定数見込まれる立地に位置しているのですが、Ｆ先生は医療モールの他のテナントがほぼ保険診療のみで経営していることに配慮し、保険８：自費２のバランスで運営することとしました。

　Ｈ皮膚科クリニックは2019年の最終診察日をもって正式に継承されました。クリニックの室内がやや古くなっていることと、男性院長から女性院長への交代を印象付ける意味で、年始からの２週間をかけて待合室と診察室の床材と壁面クロスの貼り換え、受付カウンターの交換、トイレ便器の交換等を行いました。その工事に要した費用は約300万円でした。

　竣工後、Ｈ皮膚科クリニックは、新たにアレルギー科、漢方診療も加えたＦクリニックとなりました。ホームページのデザインも女性医師らしいおしゃれで柔らかなトーンが感じられます。既存の通院患者さんに加え、新たな層の集患に期待がもてそうです。

第 5 章

【特別座談会】

COVID-19 の感染者拡大が
クリニック開業と経営に
新たな観点をもたらした

実施日 2020 年 5 月

〔 参 加 者 〕

猪川　昌史
日本医業総研 代表取締役

植村　智之
日本医業総研 専務取締役

佐久間賢一
日本医業経営コンサルタント協会 副会長
日本医業総研 顧問

佐藤　厚
メディカルトリビューン 執行役員

新型コロナウイルス感染症の拡大が
クリニック経営に与えた影響

司　会　　今回の新型コロナの感染症拡大に伴う医療機関の運営・経営上の影響は病院でとくに目立ち、一部に医療崩壊などという極端な報道もあります。クリニックにおいても、患者さんの受診制限、一時休業などによる経営への影響が懸念されますが、私たちのお客様などでの実際はどうなんでしょうか。

佐久間　　クリニックへの影響についても、さまざまなメディアでアンケート結果等が示されていますが、一部の断片的な情報から全体像をとらえようとすると、極端なマイナスイメージばかりが強調されて問題の本質を見失います。

　　　　　私の古くからのお客様ですが、都内で開業し 1 日 200 人以上を診ている内科クリニックで、たまたま新型コロナの陽性患者さんを受け付けてしまいました。そこで院長は、迷うことなく 2 週間の閉院を決め、即座に内外に発信されました。現在は再開され、患者さんは確実に戻りつつあるようです。

緊急事態のベストソリューションは患者さんとスタッフの不安を最少化することです。そこで問われるのは、院長のリーダーシップです。政府の方針や医師会の出方をうかがうのか、自らの決断で能動的に動くのか、そこに大きな差が生まれます。

司　会　急な閉院でスタッフの動揺や混乱はありませんでしたか。

佐久間　院長の口から全員にはっきりと考えを伝えたこと、給与も一定額を保証し、スタッフの安全と雇用を守ることの前提で一切問題は生じませんでした。

司　会　猪川さん、関西での影響はいかがでしょうか。

猪　川　税理士法人日本医業総研の関西での会計顧問先が70件ほどありますが、来院患者数は概ね2割〜5割ダウン、とくに年少患者さんが中心になる小児科と耳鼻科の落ち込みが顕著です。健診の実施も止まってますね。また消化器内視鏡は、関係学会から医療従事者の感染リスクへの慎重な対応が求められていることもあって、事実上停止されています。

　関東より一足先に緊急事態宣言が解除されましたの
で、これから徐々に戻るとは思いますが、基本的にはど
のクリニックも影響を受けていますし、事態が収束する
までは予断を許しません。

司　会　　関東も傾向は同じでしょうか。

植　村　　定量化したデータではありませんが、私の担当したお
客様では、明らかに落ち込んでいるクリニックと、比較
的影響が少ないクリニックがあります。影響が大きいの
は、猪川さんもおっしゃった小児科と耳鼻科、それと眼
科の落ち込みが目立ちます。また内視鏡と同様に、不妊
治療の現場でも可能なかぎり治療延期を考慮するよう学
会からの要請を受けているようです。

　逆にかかりつけ医として慢性疾患などに対応されてい
る場合で２割減前後という話を耳にします。慢性疾患の
場合は、投薬期間を延ばすことで来院頻度が減ることに
なりますが、決して患者離れを引き起こしているという
わけではなさそうです。

猪　川　　小児科で付け加えれば、子どもが日常的にマスクを着
け、手洗い・消毒が習慣づき、密集・密接を回避する日

常生活で風邪をひきにくくなりました。つまり、受診を
控えるのではなく、医療にかかる必要性が減ったという
プラスの側面もあります。

佐久間　整形外科でもかなり影響が大きいようです。高齢者の
慢性化した痛みが劇的に治るわけではないので、少しく
らいなら通院を我慢しようということでしょうか。

猪　川　一般的な外来とは逆に順調なのが在宅診療です。私ど
もでは複数の在支診の経営をサポートしていますが、確
実に患者数を伸ばしています。

地域包括ケアシステムの構築を前提に、入院から通所、
そして在宅への移行というここ数年の流れに乗っている
し、訪問看護事業所や地域のケアマネジャー、介護事業
所との連携を密にするほど需要を掘り起こすことができ
ます。訪問する医師もスタッフも感染対策は万全ですか
ら、患者さんもご家族も安心感は高いのでしょうね。

司　会　特措法に基づく緊急事態宣言が全都道府県に拡大した
のが4月16日でした。それ以後に新規開業されたクリ
ニックの状況はいかがですか。

植　村　　５月開業の内科クリニックでは、スタッフ研修は感染
対策の下で行われましたが、内覧会を中止したことで地
域への大事な広報機会を逸しました。
　　　　　まだ初月の試算表も上がってきていないので経営の詳
細はわかりませんが、少し落ち着いたところで何らかの
テコ入れが必要でしょうね。

猪　川　　大阪では５月の連休明けに２件の開業を迎えました。
内装工事中から便器など中国製造の資材の物流が滞りヤ
キモキしましたが、何とか間に合ったという感じです。
２件とも立ち上がりは通常の開業の半数といったところ
でしょうか。運転資金はそれを見越して余裕を持たせて
ありますが、コンサルタントと会計担当者が頻繁に赴い
て院長と打ち合わせている状況です。

司　会　　新規開業でのスタッフの採用面での変化はあります
か。

猪　川　　募集をかけても、以前のような反応がないというのが
実感値です。医療についての高い見識を持つ看護師など
の有資格者は、新型コロナの影響で応募を控えるという
ことはあまりありませんが、受付事務や診療補助など資

格を持たない方の医療に携わることへの意識が変化しているのかもしれません。

　ただ、他の業種でパートの職を失った方などもいますし、一定の収束を見て医療機関に人が流れてくる可能性もあるかなと思っています。でももう少し時間はかかるでしょうけど。

植　村　以前はクリニックで受付事務を募集しても数人から十数人しか応募がなく、明らかに他業種の求人に流れる傾向が続いていましたが、多くの業種の雇用が不安定なときだけに、今後は逆に活性化していくのではないかと期待しています。

　そこで大切なのは院内の感染症予防対策です。開業準備中から衛生面での安全管理を重視することがスタッフにも患者さんにも選ばれる理由になってくると思います。

司　会　この状況で開業に慎重になったり、開業時期そのものを見直される先生も多いと思われますが、承継開業の状況に変化はありますか。

佐　藤　メディカルトリビューンでは医師の紹介事業も行って

いますが、目立つ需要の落ち込みはなく、人材の流れが止まることはありません。とくにＤＰＣ対象の大規模病院に勤務する若い先生は、体力的にもギリギリの状況で診療にあたっているだけに疲弊感と危機感は大きいと思われます。

また、軽症患者さんの初期の診断と、適切な医療への振り分けを行うクリニックの役割がこれまで以上に重要になってきます。人材が動くなかで、当然開業を目指す先生もいるわけですが、今回の新型コロナの影響で引退を早める開業医が増えつつあるだけに、承継開業を選択するチャンスも多くなると考えられます。

やや希望的観測になりますが、この傾向が地方医療の持続や医療過疎の解消にいい影響を及ぼしてくれればいいかなと思います。

佐久間　　大多数の病院経営が赤字に転落し、国の支援が必要な苦しい状況に立たされています。一方クリニックにとっては、機能分化が推進されるなかでの病診連携を図るチャンスではないかと思います。とくにこれから開業される先生は、基幹病院との関係性を深めておいて開業後の密な連携に備えるべきです。

厳しいときこそ、何をチャンスとしてとらえ、クリニッ

クの武器にしていくのかという発想の切替えが院長に求められます。

新型コロナウイルス感染者の拡大による患者心理の変化

司　会　　慢性疾患の患者さんの通院頻度が減るのは自然の流れでしょうが、一方で疾患の早期発見・早期治療という医療介入の原則が揺らぐことも心配されます。今回の新型コロナが患者さんの受診心理に与える影響と、逆にクリニックは地域や患者さんとどう向き合っていくべきだとお考えでしょうか。

佐久間　　これは良い意味の副作用といえますが、フリーアクセスの弊害といえるコンビニ受診は間違いなく減るでしょうね。患者さんの細やかな心理の変化まではつかみ切れませんが、経済的にも自粛ムードが漂うなかでクリニックがやるべきことは、予防や疾患、治療に対する啓蒙活動だと考えます。ただ単に広告を打つという通俗的な意味ではありません。あくまでも医療機関としてのステータスを持って訴えかけることが大切です。

　　　　　ある皮膚科の先生は、タウン誌にインタビュー記事を１年間連載されました。インタビュアーが皮膚の症状や

悩みを質問し、専門医としてわかりやすく解説するというものですが大きな効果があったようです。タウン誌でも啓蒙の大切さをキチンと説明すれば、企画として取り上げてくれる可能性があります。

猪　川　　患者さんの意識ということでいえば、ガラリと変わるのではないかと思っています。つまり、無駄に医療にかからないというのが新しい生活様式として根付くのではないか。たとえば物療でリハを受けている高齢者が、これまで通り週に何回も通院するかといったら感染リスクを避けることを優先するでしょう。非常事態宣言が解除され、商業施設などが通常通りの営業に戻りつつありますが、それでいきなり大勢の集まるコンサートに行くのか、サラリーマンが仕事帰りに気軽に飲みに行くのかといったらそうはなりません。行くとしても、この店の感染症対策はどうなっているのかがまず気になるはずです。

　　　　　医療機関はとくにそうです。従来通りの運営で、時間が経てば患者さんが戻るのかといったら私は違うだろうと思います。感染症対策マニュアルの作成、実施の状況を明確に発信することや、患者・スタッフ・取引業者ともに感染者ゼロなどをリアルタイムに表示することも考

えられます。患者さんがいま何を考え、何を欲しているのか、そこに的確に応えているかどうかで大きく違ってくるのではないかと思います。

佐久間　まったく同感です。それは患者さんだけでなく、スタッフに対しても同じことがいえます。窓口精算でカード決済がなかなか進まないのも、これまでは手数料がネックになっていましたが、「現金には触れない」ことも患者さん・スタッフ双方に配慮した感染症対策です。安全・安心な職場環境であることを目に見える形でアピールすべきだと考えます。

猪　川　その通りだと思います。「非接触」というのもサービス提供上の大きなキーワードになりました。一部で自動精算機も導入されつつありますが、お金に触れることには変わりありません。クレジットカードもそうですが、スマホなども利用できるキャッシュレス決済は必須になるのではないかと思っています。

　今年の８月に開業を予定している小児科では、院内感染の予防を徹底しようということで、キャッスレス決済以外にもアルコール消毒、次亜塩素酸の発生装置、また空調機設置の工夫により院内の空気の流れを管理した

り、一定時間内に定期的に院内の空気が入れ替わるシステムを導入するなど、子どもと保護者への配慮をホームページで明確に打ち出すようにしています。

慢性疾患の患者さんはある程度戻ってくるでしょうが、5 年後、10 年後の経営を考えたらいかに新患を取り込むかのアピールがこれまで以上に大切になってきます。

植　村　基本的にお 2 方とは同じ意見ですが、診療科や患者さんの年齢層によっても意識は変わってくるでしょうね。今の猪川さんの小児科での対策などをうかがうと、これまであまり増患に結び付かなかった要素の優先順位が高くなっていることがわかります。キャッシュレス化もそうですね。イメージが先行していた待合室やホームページのデザインにも機能面での新たな視点が加わりました。

また、内科や整形外科などの高齢者医療の分野では、通院の頻度を医師の指示で決めていた側面があります。そのある種の常識への疑問が患者さんの心理として一番大きいのではないかと思います。「なにも、医療機関にかからなくてよかったのではないか」という意識を患者さんが持ち始めると、連鎖的にレセプト単価も延患者数

も減少します。高齢者のたまり場で利益を生むという構造自体がもう通用しないわけです。そうなったときに、しっかりとした診療方針と高い専門性を打ち出す必要があるし、患者さんもその特徴を求めていると思います。

　それと、オンラインの利用に対するアレルギーがどんどんなくなってきています。高齢の患者さんがパソコンなどの操作がやりにくいのでは、というマイナス発想は捨てるべきでしょう。新規開業はもちろんですが、現在の診療にオンライン機能を付加することも必要です。アフターコロナに向けた対策をすぐにでも実施することが大事だと考えます。

佐久間　駅前開業か住宅地での開業か、立地によっても戦略は異なってきます。高齢者1人あたりの受診機会が減っても、高齢人口は確実に増大します。そして団塊の世代が後期高齢者となる2025年以降は外来数がガクっと下がります。患者さんが物理的に通院できないという状況を考えれば、住宅地での開業は絶対的に在宅を柱とすることが求められます。

　一方、駅前立地の場合は、幅広く門戸を開き特定の領域に高い専門性を発揮する「T字戦略」による差別化が勝ち残り戦略です。狭い診療圏でクリニックが過剰に

なっているだけに、これらを明確に打ち出せない先生は
かなり苦しくなると思われます。

猪　川　　クリニックが予防の領域を付加する、あるいは予防機
能にシフトする可能性もあると思っています。免疫力を
高めるなどもそうですが、持病を持つ方の日常の生活習
慣へのアドバイスなども考えられます。そこにオンライ
ン診療を組み合わせることも可能ですが、オンラインは
おそらく健康相談的な機能も持つだろうと私は考えてい
ます。病気後に介入するクリニックの役割が、その前段
の予防までメンテナンスしていくことは十分に考えられ
ます。

　　国の方針としても、事後に公的保険を使うより、予防
に資源を投入していこうという傾向が見て取れます。今
回の新型コロナは、クリニックのあり方そのものを見つ
め直す契機になるのではないかと思っています。

司　会　　機能分化という意味でも、病院ではできない「予防」
の概念をクリニックが実践することに新たな存在価値が
見いだせそうですね。

佐久間　　必要とされながらも、絵に描いた餅のままなかなか進

まなかった機能分化ですが、病院経営が苦しくなるなか
で、経済的にやらざるを得ない今の状況は大きく進展す
るチャンスだと思うし、それに早く気づきしくみを作っ
た先生が先行利得を得ることになります。すでに虎視
眈々と狙っている先生もいるでしょう。そこでようやく
国が進めようとしていた医療機能の適性化、クリニック
のゲートキーパーとしての役割が成り立ってくると思い
ます。これまで取り壊せなかった壁をくずすいい機会だ
と考えるべきです。

猪　川　　佐久間さんのご意見に同感です。希望的観測もありま
すが、本当の意味でのかかりつけ医、主治医がいて、何
かあったらまず相談する。そこから専門医や病院などに
紹介するしくみが充実した医療体制を作るし、また整い
つつあるように感じられます。

植　村　　大多数の病院の外来は赤字部門として経営の足を引っ
張ってきましたので、中小病院では外来機能の拡充に消
極的でしたし、院内での集中感染防止の下にすでに外来
を受け付けないところも出てきています。入院は病院、
外来はクリニックという理想論からすれば結果的に機能
分化していることになりますが、クリニックですら新型

コロナの疑いのある方の受診を断っているケースがあります。身近な方々の不調時の最初のアクセス先であるはずのクリニックが機能を果たさなければ住民の不安は増幅するばかりです。

　確かに今回の新型コロナは、過去に例を見ないきわめて特殊なケースなのですが、やはりどんな方でも受け入れる原則をクリニックの責務として自覚しなければなりませんし、その先に本当の機能分化・病診連携が構築されると考えます。

　これから開業される先生も、ご自身の理想の診療スタイルを実現するだけでなく、地域医療におけるクリニックの役割を再認識して準備に取り掛かっていくことが求められているのではないでしょうか。

佐　藤　　かかりつけ医として地域の支持を得ようとしたら、待つのではなく、医師が自ら地域に出向く姿勢が重要です。つまりは在宅診療ですね。治療だけではなく、健康相談、介護する家族の相談といったコンサルト機能を担うのもかかりつけ医の役割だと考えます。

　地域に根ざすとはよく言われる言葉ですが、それは身近な相談先として常に門戸を開くということです。デジタル・アナログを問わず、そうした啓蒙活動の積み重ね

が重要だと考えます。

オンライン診療への期待と可能性

司　会　先ほど、植村さん、猪川さんからオンライン診療の可
能性に触れる発言がありました。また、4月10日の厚
労省の発表で初診における対面診療の原則が時限的、か
つ特例的に緩和されました。つまり、現在のエマージェ
ンシー的状況にオンライン診療の有用性を国が認めたわ
けです。このオンライン診療をクリニックが実践するこ
とについて、みなさんはどうとらえていますか。

佐　藤　今後受診の回数が減るといっても、現実的に継続的な
投薬を必要とする患者さんは大勢いるわけです。そこで
の有用なツールとしてオンライン診療がどこまで普及す
るかが、今後のクリニック経営のカギを握る1つではな
いかと考えますし、すでにいろいろな事業会社も動いて
います。

植　村　昨年11月にメディカルトリビューンとの協業で事業
承継をサポートした千葉市内のクリニックは、承継時の
一時期患者さんを減らしたもののすでに数は回復し、新

たに始めた在宅診療ではすでに３桁に迫る患者さんに対
応しています。そのクリニックでも、デジタルヘルスケ
アサービスを行う会社のサポートを受けてオンライン診
療を実践されています。そこで面白いのが、オンライン
の普及のために、院長の説明やオンライン診療の手順な
どを書いた手作りのチラシを地域に撒いたのです。とて
もアナログな方法なのですが地域からの反応はことのほ
か早く、すでに相当数の方が利用されています。オンラ
イン診療を医療のゲートとして外来に導くというモデル
を実践されているわけです。

佐久間　オンライン診療のあり方については、私も以前から取
り組んできました。実は医師会のなかでもその必要性は
認めるものの賛否両論があるようです。ネガティブな考
えでいえば、ちょっと話を聞いただけで長期の処方箋が
出されるのではないかなどの悪用に対する懸念が拭えな
いようです。そうしたなかで、今回の新型コロナがどう
影響するのか、その分かれ道に立っているわけですが、
もうオンライン診療への流れは止められないだろうと私
は思っています。

　私自身、睡眠時無呼吸症候群の治療で毎月１回通院し
ていますが、データはすでにＳＡＳから送られてきてい

るわけですから、先生はモニターを見ながら「いつも通り……、引き続き……」と。この5分のために1時間待つわけです。毎回とはいいませんが、3カ月に1回の対面受診にするなどのシステムを作るだけで十分機能するし、利用者の利便性は相当高まるはずです。

植　村　　先ほどの千葉のクリニックのオンライン診療をサポートした会社の方から話をうかがうなかにヒントがあったのですが、オンラインを1つのツールとして外来診療に組み込むという考えです。ＳＡＳやホルター心電計のデータなんかもオンラインで飛ばすしくみがすでにできています。対面診療を基本としながらオンラインをどう有効に組み入れるかがこれからのクリニック運営の胆になるのではないかと思いますし、そこにも事業承継開業の成功要因があります。

佐久間　　もう1つの事例でいうと、皮膚科クリニックで夜間の相談のみでオンラインを活用されている先生がおられます。たしか相談料は30分で5,000円程度だったと思いますが、オンラインのみで悩みが解決することもあれば、相談から外来での治療に誘導するケースもあります。植村さんがおっしゃったように、外来診療の補助手段とし

てオンラインを活用することで、医療に多様性がでてく
ることが期待できます。

アンダーコロナ・アフターコロナでのクリニック開業戦略

司　会　本日の座談会のまとめに入りたいと思います。新型コ
ロナ問題の長期化、さらに第2波・第3波への警戒が強
まる状況下で、これからの開業成功のポイントをお聞か
せください。

植　村　前提として患者さんのクリニックに対する評価が慎重
になるということです。慢性疾患で、毎週医療にかかる
ことが高齢者の満足や自慢ではなくなってきます。先生
方には、医師の権限のごとく再診を促す診療が成り立た
なくなること意識していただきたいと思います。

　そこで大切なのは、病気に対する継続的な啓蒙活動と
真に求められる医療の実践です。地域住民の健康管理、
生活習慣の改善、疾患を悪化させない工夫などの情報発
信に努め、実際の来院者に専門性の高い医療提供ができ
ていることが選ばれるクリニックの条件です。万全な感
染症対策も、クリニック選択の新基準になりますが、既
存施設での制約のない新規開業の場合はむしろやりやす

いでしょう。クリニックの経営環境が厳しくなるということは、院長の経営力の差が顕著になるということです。高度な医療技術はもちろん武器になりますが、それ以前に経営者としてのブラッシュアップが重要になります。こんなことは他業種では当たり前のように行われてきていることです。

　また、昨年末よりメディカルトリビューンとの協業で事業継承をサポートしていますが、この状況でも毎日のように相談が持ち込まれています。逆に、継承を真剣に考える環境下にあるのではないかと思っています。引退される先生には、今回を機会にハッピーリタイアメントを検討する方と、新型コロナの打撃で事業の継続が難しくなった方の2通りがあります。承継者にとっては、比較的少額の初期投資で期間のロスなく患者さんを引き継げることに継承のメリットがあるわけですが、案件の選択肢が目に見えて増えているように感じられます。

佐　藤　　植村さんのご意見に付け加えれば、継承開業では旧来の医療に新しい機能を付加しなければならないということです。先ほど申し上げた在宅もそうですが、地域患者さんとの接点を能動的に作っていくことが重要ですし、そこにオンラインをはじめIoTをセットにして機能性

を高めるべきです。患者さんやご家族にとって相談しや
すい医療環境を作ることが大切です。

猪　川　　事業継承に関しては植村さん、佐藤さんのおっしゃる
通りで、継承元の先生は長い年月をかけて地域医療に貢
献されてきたわけです。これまでの事業継承は、従来通
りの医療を発展させてきたイメージでしたが、これから
は引き継ぐ患者さんへの医療提供をベースに置きながら
新たな機能を付加して、新たな医療需要を掘り起こし、
その結果として以後 10 年・20 年の地域医療を守って
いく、こんな形になるのではないかと思っています。単
純に患者さんが付いていて経営が成り立つからではな
く、新たな観点からの継承の検討になっていきます。

　　また、病気の際にかかりつけ医にかかることが第 1 選
択としも、病気になりにくい生産人口年齢の場合はほぼ
例外なくウェブ検索で医療機関を比較して選んでいま
す。その際に利用者の目にどう映るのかといったところ
を戦略として打ち出しておかなければなりません。場所
が近いからというのももちろん選択理由の 1 つですが、
オンライン診療をはじめ今後遠隔診療がどんどん進んで
いくでしょうから、そうなると旧来の 1 次診療圏・2 次
診療圏という枠が外れていく可能性も否定できません。

もちろんベースは１km圏内の患者さんですが、健康相談なども含め、どこまでオンラインをシミュレーションし装備を整えて開業に挑むのかが大事になります。我々コンサルタントとしても、従来の診療圏での見込み患者数だけを見てのマーケティング判断からもう一歩深く思慮することが求められます。

佐久間　開業の基本は日本医業総研が医院経営塾で一貫して説明している経営戦略の練り上げです。ただその練り上げをかなり深堀りすることが成否の分かれ道になってきます。今日の座談会でもいくつかの事例が紹介されましたが、診療科や開業立地でも違いが出てくるでしょう。オンライン診療も有用性は理解するものの、どう運用するか、それをどう通常の診療に活かすのかということまで具体的に考えなければなりません。

　それと新たに考慮しなければならないのは、クリニックとしてのＢＣＰ（事業継続計画）だと思います。今回の新型コロナがまさしくそうなのですが、災害時にどう対応し事業を継続していくのかの万全な準備がスタッフと地域患者さんの安心感につながります。これまで先生方の意識にはなかったこのＢＣＰの概念も経営戦略の柱として考えていく必要があると考えます。

株式会社日本医業総研

　1997 年の設立以後、診療所の開業コンサルティングに特化した会社としてこれまでに 500 件以上のクリニック開業を支援し、そのすべてを早期黒字化に導いてきた。開業後も、人事サポート、成長戦略、医療法人成り、事業継承などクリニック経営と事業のライフサイクルのすべてをサポートしている。開業を志す医師を対象としたセミナー「医院経営塾」（全 4 講）は現在第 32 期を迎え、多くの成功開業医を輩出してきた。

　また、2020 年より医療系大手メディアとの協業で、全国規模でのクリニックの事業継承支援を強化し、継承希望医師を対象としたセミナーも定期開催している。

　同グループに税理士法人日本医業総研、社会保険労務士法人日本医業総研があり、開業後の税務・会計、人事労務等、医療機関に向けたコンプライアンスに基づく専門性の高いサービスを提供している。

責任著者

猪川　昌史　株式会社日本医業総研 代表取締役。

　1988 年、数百の医療機関をメインクライアントに持つ国内有数の大手会計事務所に入職。医療機関の税務・会計業務に携わるとともに、個人経営クリニックを対象とした医療法人設立部門の統括を歴任。

　同事務所を退職した 1997 年に㈱西日本総研（現日本医業総研）の創設に参画し、組織的な開業コンサルティング・スキームを確立。シニアマネージャー、取締役ゼネラルマネージャーを経て、2020 年に代表取締役に就任。

　現在は経営と開業コンサルティングの傍ら、クリニックの事業継承支援も積極的に手掛け、自社主催のセミナーのほか、大阪府保険医協会、滋賀県保険医協会、神奈川県保険医協会、長野県保険医協会、島根県保険医協会等で医院継承セミナーの講師を努めている。

　著作物に、「診療所開業」「医院経営塾」「診療所事業承継のすべて」等がある。

500件のコンサルティング現場から見えてきた
持続可能な地域医療を支えるクリニックの開業・運営・継承

2020 年 10 月 20 日　初版第 1 刷発行

編　　著　日本医業総研グループ
責任著者　猪川　昌史
編集担当　小川　孝男（日本医業総研 広報室）
座談会協力　佐藤　　厚（株式会社メディカルトリビューン 執行役員）
　　　　　　佐久間賢一（日本医業経営コンサルタント協会 副会長）
　　　　　　植村　智之（日本医業総研 専務取締役）

装　幀　鈴木　衛（東京図鑑）
発行人　猪川昌史
発行所　株式会社日本医業総研

　　　　大阪本社　大阪府大阪市中央区本町 2-2-5 本町第二ビル
　　　　東京本社　東京都千代田区神田司町 2-2-12 神田司町ビル 9F
　　　　編集部
　　　　TEL 03-5781-2300　FAX 03-5781-2301
　　　　URL https://www.lets-nns.co.jp

発売所　株式会社 MAS ブレーン

　　　　大阪府大阪市寺内 2-13-3 日本経営ビル
　　　　出版部
　　　　東京都品川区東品川 2-2-20 天王洲オーシャンスクエア 22F
　　　　TEL 03-5781-0600　FAX 03-5781-0599

印刷・製本　有限会社ダイキ